BLV IDEE PRAXIS

W0191426

Manfred Bocksch
Irmgard Bott

Gesunde
Wildkräuterküche

Bewährte Rezepte
mit Kräutern und Früchten

BLV Verlagsgesellschaft
München Wien Zürich

CIP-Kurztitelaufnahme der Deutschen Bibliothek

Bocksch, Manfred:
Gesunde Wildkräuterküche: bewährte Rezepte mit Kräutern u. Früchten / Manfred Bocksch; Irmgard Bott. – München; Wien; Zürich: BLV Verlagsgesellschaft, 1984.
    (BLV Idee & [und] Praxis; 510)
    ISBN 3-405-12917-6

NE: Bott, Irmgard:; GT

Fotonachweis
Irmgard Bott, Kirchhain-Betzisdorf
Seite 31
Werner Mier, Kassel
Seiten 9, 20, 25, 42, 49, 58, 66, 69, 74, 86, 90 (rechts), 92
Bildstelle Orbis, München
Seite 83
Eckart Pott, Stuttgart
Seite 40
Alle anderen Fotos und Titelfoto
Manfred Bocksch, München

BLV Idee & Praxis 510

Satz und Druck: Georg Appl, Wemding
Bindung: Großbuchbinderei Monheim

Printed in Germany · ISBN 3-405-12917-6

Inhalt

Inhalt

Zu diesem Buch

Wer mit Wildpflanzen kocht oder sie zum Würzen gebraucht, hat die Gewißheit, daß er seinen täglichen Speiseplan bereichert. Im Geschmack sind die meisten Wildgemüsepflanzen etwas herzhafter und deftiger. Manchmal wird es vorkommen, daß sich unsere verwöhnten Zungen erst an den leicht bitteren Geschmack gewöhnen müssen, dafür sind die Wildgemüsepflanzen aber auch gesünder als die Kulturgemüsepflanzen.

Der gesundheitliche Wert eines Gerichtes aus Wildpflanzen kann noch dadurch gesteigert werden, daß nur »vollwertige« Zutaten verwendet werden. Deshalb wird z. B. bei den Rezepten als Öl nur kaltgeschlagenes, als Mehl immer Vollkornmehl und zum Süßen weitestmöglich Honig verwendet. Vollkornmehl gibt es in Reformhäusern oder Bioläden zu kaufen. Noch besser ist es, wenn man das Getreide selbst erst kurz vor dem Gebrauch mahlt. Dazu braucht man aber eine Getreidemühle. Wer also vor hat, sich gesund, d. h. vollwertig, zu ernähren, der sollte sich unbedingt eine Mühle anschaffen. Zusammen mit den Teilnehmern unserer Volkshochschul-Kräuterseminare haben wir immer die Erfahrung gemacht, daß die Rezepte geschmacklich unterschiedlich ausfallen. So sollen die vorgegebenen Rezepte nur eine Anregung geben. Mischt man die verschiedenen Kräuter nach eigener, freier Komposition, milde zu herben, bittere zu süßen, so ergeben sich immer neue Geschmacksvariationen. Hierbei sind allein der Geschmack und die Phantasie des Koches für die Zubereitung maßgebend. Hat man sich z. B. für ein Gemüserezept entschieden, findet aber beim Sammeln zuwenig Pflanzen, so kann man immer noch eine Suppe, eine Kräutersauce zubereiten oder sie zusammen mit gekauftem Spinat zu einem Spinat-Wildgemüse verarbeiten. Wir haben bei den Rezepten als Mengenangabe für die Kräuter die Bezeichnung »Handvoll« gewählt, denn wie könnte man beim Sammeln genau ein Kilo Brennesseln pflücken?

Haben wir bisher nur den gesundheitlichen Wert der Wildkräuter bei der Ernährung betrachtet, so dürfen wir den des Sammelns nicht vergessen. Ein Spaziergang durch Feld, Wald und Wiesen verschafft uns körperliche Bewegung, und eine abwechslungsreiche Landschaft wirkt harmonisierend auf unsere Seele. So bedeutet denn auch das Sammeln, das »Ernten« im Garten der Natur, eine individuelle Tätigkeit, die ihren Wert nicht allein durch den Ertrag, sondern ebenso durch die Freude des Entdeckens und Erkennens gewinnt.

In diesem Sinne haben wir auch dieses Wildkräuterkochbuch geschrieben. Es soll nicht nur ein Kochbuch sein, sondern Interesse wecken, sich mit unserer Umweltsituation auseinanderzusetzen, um sich dann auch positiv dafür engagieren zu können.

An dieser Stelle möchten wir auch all unseren Teilnehmern aus den Volkshochschulseminaren für die zahlreichen Anregungen und Tips recht herzlich danken.

Manfred Bocksch

Irmgard Bott

Einführung

Kräuter und Naturschutz

Bei einem Spaziergang durch Wald, Feld oder Wiese, mit einem Körbchen zum Sammeln in der Hand, den Blick auf den Boden gerichtet, um ein geeignetes Pflänzchen zu erspähen; in einer solchen Situation werden die meisten Menschen wohl kaum tiefgreifenden Gedanken über Umweltprobleme nachhängen. Wird man gar fündig, erwacht geradezu eine regelrechte Sammelleidenschaft – wer Pilzsucher ist, kann dies nur bestätigen. Sich ein paar Gedanken über Naturschutz zu machen, ist aber durchaus nötig, bedeutet doch das Sammeln von Wildkräutern auch einen Eingriff in die Natur.

Sammeln und Ernten gehören wohl zu den ältesten menschlichen Handlungen. Dieses Tun beinhaltet im wörtlichen Sinne eigentlich ein Natur-»begreifen« und somit auch ein Naturerleben. Den Sinn dafür haben wir aber heute vielfach verloren, denn wer hat noch in seinem täglichen Leben die Gelegenheit zu ernten? An die Stelle des Erntens ist das Kaufen getreten. So, wie das Kaufen eine beziehungslose Handlung zum Produkt des Kaufes darstellt, so wird dann auch das Ernten von Wildkräutern zu einer leeren Handlung.

Es gab im Mittelalter schon einen praktischen Naturschutz, mit dem allerdings nicht die Natur, sondern der Mensch und sein Lebensraum geschützt wurde. Die durch Gesetz vorgeschriebene Erhaltung der sogenannten Bannwälder in den Gebirgsregionen zielte nicht auf den Schutz von Pflanzen und Tieren, sondern auf den Schutz von Ortschaften in den Tälern. Die ersten Natur-

Naturnahe Kulturlandschaft

Moderne Agrarlandschaft

schutzgesetze zur Erhaltung der Natur um ihrer selbst willen entstanden am Anfang des 20. Jahrhunderts. Durch die aufkommende Industrialisierung erhöhte sich die Zerstörungskraft des Menschen. Hatte man jahrtausendelang Acker- und Siedlungsland in schwerster Handarbeit der Natur abgerungen, so mußte man erkennen, daß die Naturausbeutung durch die technischen Möglichkeiten schneller und rücksichtsloser als je zuvor war. Zuerst bemerkte man das am Aussterben einiger Tiere und Pflanzen. Einzelne gefährdete Arten wurden unter Schutz gestellt, es entstanden die ersten kleinflächigen Naturschutzgebiete.

Heute stehen wir aber an einer weit fortgeschritteneren Stufe dieser Entwicklung. Die Gegensätze zwischen wirtschaftlichen Interessen und Naturbelangen haben sich extrem verschärft. Heute geht es nicht mehr nur um Tier- und Pflanzenschutz, sondern um die elementaren Lebensgüter unserer Erde: Landschaft, Wasser und Luft.

Täglich werden ca. 140 ha Boden verbaut. Das entspricht der Fläche von ungefähr 250 Fußballplätzen. In Anbetracht dieser Tatsachen ist der Anteil von 0,9% Landesfläche für Naturschutzgebiete lächerlich gering. Auch wenn wir diesen Prozentsatz um einige Prozent steigern würden, hätten diese Naturschutzflächen doch nur einen Inselcharakter. Denn was nützt das schönste Naturschutzgebiet, wenn ringsherum alles nur Erdenkliche gegen die Natur getan wird? Wir müssen also Wege finden, die geeignet sind, mit dem größtmöglichen Teil unserer Landesfläche so schonend umzugehen, daß er auch noch für die nach uns kommenden Generationen nutzbar ist. Der naturgemäße Waldbau und die ökologische Landwirtschaft deuten uns die Richtung an. Ferner müßten sich Gemeinden und betroffene Interessenverbände darum bemühen, die öffentlichen Plätze, z. B. Dorfplätze, Grünflächen, Schulhöfe, Kirchgärten u. a., wieder naturnah zu gestalten.

Einführung

Ansätze dazu gibt es schon. Z.B. werden in Augsburg und Hamburg einige Grünflächen nicht mehr so häufig gemäht; in München gibt es eine Initiative von Schülern und Lehrern, die Schulgärten naturnah gestaltet; in Bellnhausen und Bürgeln legte der Förderkreis Alte Kirchen e.V. zusammen mit den Volkshochschulteilnehmern aus unseren Kräuterkursen in den jeweiligen Kirchgärten wieder Kräutergärten an. Dabei knüpfte man an die alte Bepflanzungsweise mit ihrem symbolischen Hintergrund an, berücksichtigte aber auch die Belange des Naturschutzes, indem Kräuter, die in der Roten Liste für gefährdete Pflanzen erwähnt werden, angepflanzt wurden.

Bei unserer Argumentation gehen wir auch davon aus, daß nur eine vielfältig gegliederte, zugleich an Pflanzen und Tieren artenreiche Landschaft den ästhetischen Bedürfnissen des Menschen gerecht wird. Wir Menschen brauchen diese natürliche Schönheit zur psychischen Erholung. Der stetige Strom von Besuchern in die sogenannten landschaftlich schönen Erholungsgebiete beweist dies. Die Gefahr, daß die Menschen dort mehr und mehr unnatürliche Versatzstücke vorfinden, gleich einer Theaterkulisse, wächst. Und die meisten werden es gar nicht einmal merken, weil die Landschaftsverarmung schleichend, aber stetig vor sich geht. Denn nicht alles, was grün ist, deutet auf Vielfalt, und Amseln und Meisen am Futterhäuschen sind noch lange kein Anzeichen für Artenreichtum.

Wenn wir nun beim Sammeln von Wildkräutern unsere Augen nicht nur auf den Boden richten, sondern auch mit wachem, wissendem Blick in die Landschaft schauen, werden wir dort hoffentlich rechtzeitig die Veränderung noch wahrnehmen. Daß dies nicht nur ein passives Wahrnehmen bleibt, sondern auch ein aktives Handeln in Naturschutzorganisationen oder geeigneten Gruppierungen nach sich zieht, wäre das Gebot der Stunde und das Ziel dieses Buches.

Ernährung und Gesundheit

Daß die Ernährung eine wichtige Stellung bei der Gesunderhaltung einnimmt oder auch daß eine falsche Ernährung zur Krankheitsentstehung führt, sollte eigentlich allgemein bekannt sein. Nun ist es aber nicht so, daß dieses »Wissen« allein schon zu einem richtigen Ernährungsverhalten führt. Denn dieses Wissen allein beruht nicht auf tieferer Einsicht und auf Verständnis von Zusammenhängen, sondern es ist oft nur ein gedankenlos übernommenes »Wissen« traditioneller bürgerlicher Eßgewohnheiten. Und das kennzeichnet diese Eßgewohnheiten: übermäßiger Fleischkonsum, Verzehr von Auszugsmehlen in Brot und Gebäck, starker Zuckerverbrauch. Konnten sich diesen »Luxus« früher nur wenige leisten, so deuten heute die übervollen Supermarktregale darauf hin, daß dies Jedermannskost ist. Es sind schon fast ketzerische Gedanken in Anbetracht der Fülle und des Überangebots an Nahrungsmitteln, an dem gesundheitlichen Wert dieser Produkte

Einführung

zu zweifeln. Preist doch die Nahrungsmittelindustrie jeden Tag ihre Fertigprodukte aufs Neue an. Und von Plakatwänden und Fernsehbildschirmen lachen gesunde Babys, glückliche Mütter und satte Väter. Wie könnte so etwas ungesund sein? Ein kleiner Rückblick in die Geschichte soll uns etwas Klarheit verschaffen.

Wenn man die Entwicklungsgeschichte des Menschen betrachtet, so war die Urnahrung der Vorfahren des Menschen weitestgehend pflanzlich. Erst im Laufe der Zeit wurde der Anteil tierischer Kost – hauptsächlich bei den Jägervölkern – größer. Mit dem Entstehen des Ackerbaus überwog aber wieder die pflanzliche Komponente. Jahrtausendelang änderte sich nichts wesentlich an dieser Ernährung. Erst in den letzten hundert Jahren, seit Beginn der Industrialisierung, vollzog sich ein bedeutsamer Wandel in den Verzehrsgewohnheiten. Die Nahrung wurde im großtechnischen Maßstab verändert. Wurde früher z. B. das ganze Getreidekorn verwertet, so gelang es durch spezielle Mahlverfahren, das Korn in seine Hüllschichten und den Stärkekern zu trennen: Das weiße Mehl trat seinen Siegeszug an. Es trat an die Stelle vorwiegend pflanzlicher, weitgehend unbearbeiteter Nahrung eine durch hohen tierischen Anteil gekennzeichnete und stark verarbeitete Nahrung.

In einem entwicklungsgeschichtlich nicht relevanten Zeitraum von ca. 100 Jahren hat sich also eine grundlegende Veränderung der Eßgewohnheiten vollzogen, die auch ein Risiko für die Gesundheit darstellt. Denn in diesem kurzen Zeitraum konnte sich der Organismus des Menschen nicht umstellen. Der Grundsatz einer gesunden Ernährung lautet daher, daß die Nahrung so natürlich, d. h. so unbearbeitet wie möglich sein sollte.

Ein Speiseplan könnte demnach wie folgt aussehen:

Frühstück Frischkornmüsli mit Joghurt oder Dickmilch und Obst.

Mittagessen 2 Rohkostsalate – je ein Blatt- und ein Wurzelsalat, Gemüsegericht mit Kartoffeln oder gekochtem Getreide (z. B. Reis, Hirse, Weizen).

Abendbrot Vollkornbrot, Butter, Käse, Quark, gelegentlich Wurst.

Getränke Mineralwasser und Kräutertee.

Wer sich im großen und ganzen an solch einen Speiseplan hält, kann sicher sein, daß er mit allen wichtigen Nährstoffen versorgt wird. Dabei geht es nicht um eine strenge Verhaltensmaßregel. Gelegentlich ein Fleischgericht, Kaffee, Kuchen oder auch Wein und Bier sind durchaus erlaubt.

Für eine vollwertige Ernährung spricht aber nicht nur ihr gesundheitlicher Wert, sondern wir müssen unsere westlichen Verzehrsgewohnheiten zusätzlich unter einem moralisch-ökologischen Aspekt beurteilen: Zur Erzeugung tierischer Produkte werden große Futtermengen benötigt. Z. B. braucht man zur Fütterung von Mastrindern pro Pfund Fleisch ca. 15 Pfund Getreide oder Sojaprodukte. Es gehen also für den Verzehr von ein paar Steaks 14 Pfund Nahrungsmittel verloren. Im Jahre 1977/78 wurden in der Bundesrepublik Deutschland 66%

Einführung

des geernteten Getreides an Tiere verfüttert. Diese Tatsachen sind in Anbetracht der bestehenden Hungersnot in der Dritten Welt ein nicht zu vertretender Luxus.

Dies sind nur einige wenige Argumente für eine vernünftige Ernährung. Das Wissen um diese Zusammenhänge erleichtert vielleicht etwas die Umstellung auf eine Vollwertkost. Für den Hausgebrauch bedarf es dazu nicht unbedingt wissenschaftlicher Erklärungen und Ernährungstabellen, sondern allein das Prinzip der Naturbelassenheit garantiert vollwertige, gesunde Kost.

Am ursprünglichsten erfüllt sich dieser Vorsatz im Verzehr von Wildgemüsepflanzen. Hierbei sind wir uns allerdings vollkommen klar darüber, daß es unmöglich ist, unseren Nahrungsmittelbedarf aus Wildpflanzen zu decken. In diesem Buch geht es darum aufzuzeigen, welche Möglichkeiten es gibt, mit Wildpflanzen zu kochen. Ein Gericht aus Wildpflanzen, sei es als Gemüse, Salat, Suppe oder Eintopf, kann nur als gelegentliche Bereicherung unseres täglichen Speiseplans angesehen werden. Der gesundheitliche Wert der Wildgemüsepflanzen ist sicherlich höher einzuschätzen als der unserer Kulturgemüsepflanzen. Die vielen Gemüsearten sind ja aus Wildpflanzen gezüchtet worden. Hierbei haben sie zwar oft an Aussehen gewonnen, doch gleichzeitig auch an Gesundheitswert verloren, vor allem die überzüchteten Treibhausprodukte.

Wildgemüsepflanzen sind reich an Mineralien und Spurenelementen, haben einen hohen Vitamingehalt und wirken durch die Geschmacksstoffe anregend auf den Stoffwechsel. Oft sind es auch aromatische Bitterstoffe, die die Verdauungssäfte richtig »zum Fließen« bringen. Sie regen die Magensaftsekretion an, aktivieren die Leber und beeinflussen den Galleabfluß günstig. Eine Frühjahrssalatkur mit Löwenzahn, Brennessel, Gänseblümchen und Scharbockskraut wirkt blutreinigend und entschlackend. Wenn wir also Wildpflanzen in unsere Kost miteinbeziehen, wird unser Organismus viel mannigfaltiger mit notwendigen Mineralien, Spurenelementen und anderen Stoffen versorgt als bei ausschließlicher Verwendung von Kulturgemüse. Da dies aber sicherlich nur gelegentlich der Fall sein wird, sollte man wenigstens seine Gewürzpalette erweitern. Viele Gewürzkräuter sind gleichzeitig auch Heilpflanzen, z.B. Thymian, Salbei, Pfefferminze, Beifuß. Wenn wir in unseren täglichen Speiseplan diese Kräuter, sei es frisch, getrocknet oder auch als Kräuteröl und -essig, aufnehmen, haben wir die Gewißheit, eine vorbeugende Gesundheitspflege zu betreiben. Bei vorhandenen Beschwerden, z.B. Magengeschwür, Gallensteine, Altersherzbeschwerden, können wir zusätzlich durch richtiges Würzen Erleichterung und Besserung bringen. Mit Paracelsus gesprochen:

»Unsere Heilmittel
sollen Nahrungsmittel,
unsere Nahrungsmittel
sollen Heilmittel sein.«

Einführung

Sammel-Ratschläge

Bei der Auswahl der Pflanzen für dieses Buch haben wir uns überwiegend auf Arten beschränkt, die an vielen Standorten noch häufig vorkommen. Diese Kräuter und Wildfrüchte kann man mit einiger Standortkenntnis noch überall sammeln, ohne ihren Bestand dadurch zu gefährden.

Eine Ausnahme bei dieser Unbedenklichkeitserklärung macht der *Bärlauch*. Diese Schattenpflanze kommt gelegentlich noch in größerer Anzahl in Wäldern vor. Wo man ihn aber nur in mäßiger Menge findet, sollte man sich mit ein paar Blättchen begnügen.

Auch haben wir bewußt, bis auf den Löwenzahn, darauf verzichtet, *Wurzeln* zum Sammeln zu empfehlen, denn durch das Ausgraben vernichtet man die Pflanze an ihrem natürlichen Standort.

Der günstigste Zeitpunkt zum Sammeln ist der Vormittag, wenn die Pflanzen wieder vom Tau trocken sind. *Blüten* erntet man unmittelbar nach dem Erblühen. Zu dieser Zeit besitzen sie die meisten Wirkstoffe. *Blätter* und *Triebspitzen* sind je jünger desto zarter. Ältere werden oft zu bitter und herb. *Früchte* sollten dagegen nur ganz vollreif gepflückt werden, da sie dann ihr Aroma erst richtig entfaltet haben. Die günstigste Sammelzeit des Jahres ist bei jeder Pflanzenbeschreibung und im Sammelkalender angegeben.

Mit etwas Übung bekommt man auch den richtigen Blick für den Standort. Grundsätzlich sollte man nicht an Straßen- oder Feldrändern, angrenzenden Rainen und Wiesen sammeln, die mit Chemikalien oder Kunstdünger behandelt wurden. Auch sollte man nicht unnötig herumtrampeln und dadurch schon Pflanzen zerstören. Die Pflanzen sollten behutsam gepflückt werden, damit der Wurzelstock geschont wird. Es sollten auch immer genügend Kräuter stehen gelassen werden, damit sie blühen und Samen ansetzen können. Die Kräuter tragen wir am besten in einem Körbchen oder Leinenbeutel nach Hause.

Natürlich muß man, bevor man überhaupt pflückt, die Kräuter genau erkennen können. Da die jungen Pflänzchen unser bevorzugtes Sammelgut sind, diese aber oft nicht so einfach zu bestimmen sind, sollte man bei Unsicherheit lieber doch bis zur Blüte warten, da die Blüten meistens das sicherste Bestimmungsmerkmal sind. Wir prägen uns dann die Pflanze genau ein, merken uns den Standort und sammeln dann eben erst im nächsten Jahr.

Tip für alle Gartenbesitzer

Gestalten Sie ihren Rasen zu einer Wiese, lassen sie unter der Hecke und am Gartenzaun den Giersch und die Brennessel stehen, dann können sie nicht nur ihren Speisezettel bereichern, sondern ihr Garten wird auch ein Stück natürlicher.

Sammelkalender

Kräuter	I	II	III	IV	V	VI	VII	VIII	IX	X	XI	XII
Bachbunge	junge zarte Triebspitzen und Blätter											
Bärenklau			zarte Blätter									
Bärlauch			junge Blätter									
Beifuß							Triebspitzen					
Beinwell				zarte Blätter								
Brennessel				junge Blätter								
Buche				zarte Blätter					Bucheckern			
Dost							Triebspitzen					
Engelwurz				junge Blätter			Blüten		Samen			
Gänseblümchen	Blüten und Blätter											
Giersch			zarte Triebe und Blätter									
Gundermann			zarte Blätter									
Haselnuß									Nüsse			
Heckenrose					Blüten					Früchte		
Heidelbeere							Beeren					
Holunder					Blüten			Beeren				
Hopfen			junge Triebe									
Huflattich			Blüten	zarte Blätter								

14

Pflanze	Erntbare Teile
Knoblauchsrauke	junge Blätter
Löwenzahn	Blüten, Blätter und Wurzeln
Malve	Blätter und Früchte
Minze	zarte Blätter
Odermennig	blühende Triebspitzen
Sauerampfer	zarte Blätter
Schafgarbe	zarte Blätter
Scharbockskraut	Blätter vor der Blüte
Schlehe	Blüten / Beeren
Spitzwegerich	zarte Blätter
Taubnessel, Weiße	zarte Blätter und Blüten
Thymian	Triebspitzen
Veilchen	Blüten
Vogelmiere	junge Triebe
Waldmeister	Kraut
Waldsauerklee	Blätter
Weißdorn	Blätter / Blüten
Wiesenknopf	zarte Blätter
Wiesenknöterich	zarte Blätter
Wiesenschaumkraut	Blätter und Blüten

Legende:
- Haupterntezeit
- Nur noch geringe Ernte (zum Würzen oder Mischen)

Bachbunge
Veronica beccabunga

Standort
An Ufern von Bächen, Quellen und Gräben mit
fließendem Wasser.

Ernte
Das ganze Jahr über können die jungen Blätter und
Triebspitzen gepflückt werden.

Geschmack
Leicht bitter, mit einem ganz feinen,
scharfen Nachgeschmack.

Gesundheitlicher Wert
Blutreinigend.

Pikanter Wiesenquark

*2 Handvoll junge Bachbungenblätter
oder Triebspitzen, 1 Handvoll
Scharbockskrautblätter, 1 Handvoll
junge Schafgarbenblätter, 500 g Quark
(20%), 1 Becher saure Sahne,
1 EL Sonnenblumenöl,
1 EL Hefeflocken, Salz, Pfeffer,
1 EL gerösteter Sesam.*

Die Kräuter gründlich waschen und
möglichst fein hacken. Den Quark mit
der sauren Sahne, dem Öl und den Hefeflocken mischen, mit den Gewürzen
abschmecken. Die Kräuter unterheben
und mit dem Sesam bestreuen.

Bachbungensalat · Foto

*4 Handvoll Bachbungentriebspitzen,
2 EL Sonnenblumenöl, 1 EL Obstessig,
1 Zwiebel, Salz, Pfeffer,
Sonnenblumenkerne.*

Die Bachbunge gründlich waschen
und anschließend gut abtropfen lassen. Aus dem Öl, Essig, der kleingehackten Zwiebel, Salz und Pfeffer eine
Salatsauce mischen. Die Bachbungentriebspitzen dazugeben, durchmischen
und zum Schluß mit den Sonnenblumenkernen bestreuen.

~~~~~~~~~~~~~~~~~~~~~~~~~~~~

Hinweis Die Bachbungenblätter
können das ganze Jahr über genommen werden. Sie eignen sich zum Würzen von Kräuterquark und Kartoffelsalat, können auch – klein gehackt –
aufs Butterbrot gestreut werden.

~~~~~~~~~~~~~~~~~~~~~~~~~~~~

Bärenklau

Heracleum sphondylium

Standort
Auf nährstoffreichen Wiesen und Weiden. Massenweises
Vorkommen läßt auf Überdüngung schließen.

Ernte
Von April bis Mai können die jungen Blätter gesammelt werden.
Nach dem Mähen treiben die Pflanzen nochmals junge Blätter;
diese können ebenfalls genommen werden.

Geschmack
Mild und würzig.

Gesundheitlicher Wert
Verdauungsfördernd.

Bärenklau

Wildkräuter-Kartoffel-Auflauf

*100 g Käsereste, 50 g Haselnüsse,
4 Handvoll junge Bärenklaublätter,
2 Handvoll Gänsefuß/Weiße Melde,
1 Handvoll Gundermann, 1 Zwiebel,
400 g festkochende Kartoffeln,
3 EL Sonnenblumenöl, 1 TL Brecht's
Pikata, 1 TL Kräutersalz,
1 Knoblauchzehe, 20 g Butter,
50 g Parmesankäse, 2 EL Magerquark,
4 EL saure Sahne, 2 EL trockener
Weißwein, 2 Eier.*

Die Käsereste und die Haselnüsse zusammen klein hacken (am besten in einer Moulinette). Die Kräuter gründlich waschen, abtropfen lassen und klein schneiden. Die Zwiebel würfeln. Kartoffeln sauber bürsten und mit der Schale grob raspeln. Alle Zutaten sowie das Öl, die Gewürze und die durchgepreßte Knoblauchzehe mit den Kartoffeln mischen. Eine Auflaufform mit Butter einfetten und die Masse einfüllen. Den Parmesankäse darüberstreuen.

Die restlichen Zutaten zusammen verquirlen und über den Auflauf gießen. Die Form auf die unterste Schiene in den kalten Backofen schieben und bei 220 Grad ca. 40 Minuten backen.

Zu diesem pikanten Kartoffelauflauf paßt sehr gut ein Löwenzahnsalat.

Abwandlung Dieses Gericht kann z.B. auch mit Brennessel, Giersch, jungen Himbeerblättern, Spitzwegerich und Kerbel zubereitet werden.

Beinwell
Symphytum officinale

Standort
Auf feuchten Wiesen und an Gräben.

Ernte
Die jungen Blätter und Triebe können vom Frühjahr
bis zum Herbst genommen werden.

Geschmack
Aromatisch, ältere Blätter leicht bitter.

Gesundheitlicher Wert
Magenfreundlich, gutes Wundheilmittel,
bei Zerrungen und Prellungen als Umschlag.

Beinwell

Kleiner Beinwellschmaus

Ca. 5–8 junge Beinwellblätter
pro Person.
Teig: 100 g Weizenvollkornmehl,
½ TL Salz, 1 Ei, 2 EL Olivenöl,
⅛ l Bier.

Mehl, Salz, Eigelb und Öl in einer Schüssel vermischen. Bier nach und nach zugeben und so lange schlagen, bis der Teig glatt ist. Die Mischung 1 Stunde stehen lassen. Das Eiweiß ganz steif schlagen und unter den Teig heben.
Die Blätter in den Teig tauchen und in Kokosfett schwimmend herausbacken – fertig ist eine pikante Vorspeise oder Zwischenmahlzeit.

Abwandlung Es können auch Salbeiblätter ausgebacken werden.

Beinwell-Pfannkuchen

12 junge Beinwellblätter,
4 Eier, ⅛ l saure Sahne,
⅛ l Weißwein-Mineralwasser-
gemisch, 1 EL Hagebutten-Dip
(siehe Seite 43), Hirseflocken und
Weizenvollkornmehl zu gleichen
Teilen, 1 Klettenstengel,
je 1 EL Borretsch- und
Ringelblumenblüten,
Butter oder Blütenöl
(siehe Seite 92),
2 Minzenblätter, geschnitten.

Die ganzen Eier aufschlagen, mit der Sahne und dem Weißwein-Mineral-wassergemisch verrühren und mit dem Hagebutten-Dip würzen. So viel Hirseflocken und Mehl untermischen, daß ein sämiger Pfannkuchenteig entsteht. Den Klettenstengel waschen, der Länge nach aufschlitzen, das weiße Mark ausschaben, zerbröckeln und zusammen mit den ungewaschenen Borretsch- und Ringelblumenblüten in den Teig geben. Die ungewaschenen, möglichst staubfreien Beinwellblätter eintauchen, etwas abtropfen lassen und im heißen Fett in der Pfanne ausbakken. Mit Minzenblättern garnieren.

Hinweise Auch Minzenblätter, Salbeiblätter oder Brennesselblätter lassen sich so zubereiten.
Der gleiche Teig, mit etwas Wein verdünnt, eignet sich zum Ausbacken der Blätter schwimmend in heißem Kokosfett.

Kräuterpulver

Aus den getrockneten, fein zerriebenen Kräutern kann man Kräuterpulver selbst herstellen. Je nach den verwendeten Kräutern ergeben sich verschiedene Einfärbungen:

Grün   Brennessel–Walnußblattpulver oder Salbei-Minzenpulver.
Gelb   Lindenblüten- oder Holunderblütenpulver.
Rosa   Rosenblütenblätterpulver.
Blau   Pulver aus getrockneten Heidelbeeren oder Holunderbeeren.

Brennessel
Urtica dioica

Standort
In Gärten, an Zäunen, Hecken, Gebüschen und an Gräben.
Stickstoffanzeiger. Die Brennessel ist ein typischer
Menschenbegleiter.

Ernte
Hauptsächlich von April bis Juni pflückt man die jungen Triebe
und Blätter. Da die Brennessel das ganze Jahr über
neu treibt, kann sie noch bis zum Herbst
gepflückt werden.

Geschmack
Spinatähnlich, aber etwas deftiger bis leicht bitter.

Gesundheitlicher Wert
Blutreinigend, blutbildend, leicht harntreibend,
stoffwechselanregend.

Brennessel

Brennessel-Flan mit Champignon-Cremesauce

*6–8 Handvoll junge, zarte
Brennesselblätter, Salz, Pfeffer,
Muskatnuß, 2 Eiweiße,
1 EL Crème fraîche, 20 g Butter.
Sauce: 125 g frische Champignons,
1 Zwiebel, 20 g Butter, ⅛ l süße Sahne,
4 EL Brennesselsud,
2 EL trockener Weißwein, Salz,
Pfeffer.*

Die Brennesselblätter in reichlich Wasser ca. 3–5 Minuten blanchieren, in ein
Sieb schütten und gut abtropfen lassen
(am besten gut ausdrücken). Die Blätter im Mixer pürieren. Das Püree kräftig
mit den Gewürzen abschmecken und
zum Schluß das geschlagene Eiweiß
und die Crème fraîche unterrühren.
Die Masse in kleine, gut gefettete Pud-
dingförmchen füllen. Förmchen in heißes Wasser stellen, z.B. in eine große
Auflaufform, und bei 180 Grad etwa
35–40 Minuten stocken lassen. Den
fertigen Flan sofort auf kleine Teller
stürzen.
Für die Sauce die Champignons putzen und fein würfeln, Zwiebel klein
hacken, beides zusammen in Butter
dünsten. Sahne, Sud und Weißwein
zufügen und alles ca. 20 Minuten köcheln lassen. Die Masse im Mixer pürieren und mit den Gewürzen abschmecken. Die Sauce über den
Brennessel-Flan geben und servieren.

Brennessel

Grüne Torte

Teig: 200 g frisch gemahlenes Weizenmehl oder Weizenschrot, 100 g Butter, ½ TL Salz, 5 EL Wasser.
Füllung: 2 Handvoll junge Bärenklaublätter, 8 Handvoll Brennesselblätter, 1 EL Olivenöl, 2 Zwiebeln, 50 g magerer Speck, 1 Knoblauchzehe, Salz, Pfeffer, Muskatnuß.
Guß: 2 Eier, ¼ l saure Sahne, 200 g mittelalter Gouda.

Das Mehl auf ein Backbrett geben, die Butter in Flöckchen darüber verteilen und das Salz darüberstreuen. In die Mitte des Mehls eine Mulde drücken, das Wasser hineingießen und alle Zutaten rasch zu einem Mürbeteig verkneten. Den Teig zugedeckt 1 Stunde im Kühlschrank ruhen lassen.
Bärenklau- und Brennesselblätter waschen und klein hacken. In einem großen Topf die kleingehackten Zwiebeln in dem Öl glasig dünsten. Speck würfeln, zu den Zwiebeln geben und goldbraun anbraten. Die Kräuter dazugeben und ca. 10 Minuten leicht schmoren lassen. Knoblauch zerdrücken und zusammen mit Salz, Pfeffer und Muskatnuß die Kräutermasse abschmekken.
Den Teig ausrollen, Boden und Rand einer eingefetteten Springform damit auslegen, bei 200 Grad ca. 10 Minuten vorbacken. Anschließend die Füllung auf den Teig geben. Eier und Sahne verquirlen und über die Torte gießen. Den geraspelten Käse darüberstreuen. Die Grüne Torte bei 220 Grad ca. 30 Minuten überbacken.

Brennesselsuppe

4 Handvoll Brennesselblätter, 1 Zwiebel, 1 Knoblauchzehe, 50 g Butter, 1 EL Weizenvollkommehl, ¼ l süße Sahne, 1 Gemüsebrühwürfel, 2 Scheiben Vollkornbrot.

Brennesselblätter gründlich waschen und kurz in einen großen Topf kochendes Wasser geben. Kochwasser aufheben. Die Brennesselblätter abtropfen lassen und klein hacken. Zwiebel und Knoblauch würfeln und in 30 g Butter glasig dünsten. Mehl darüberstäuben, umrühren und leicht anbräunen lassen. Unter Rühren die Sahne zugießen und kurz aufkochen lassen. Mit 1 Liter Brennesselkochwasser aufgießen. Gemüsebrühwürfel und blanchierte Brennesselblätter dazugeben. Noch etwa 5 Minuten ziehen lassen. Inzwischen das gewürfelte Vollkornbrot in der restlichen Butter anrösten. Beim Servieren heiß auf die Suppe geben.

Blutreinigender Saft

Zuerst sammelt man junge Brennesseltriebe – Gummihandschuhe anziehen. Die Triebe gründlich waschen, anschließend klein hacken und in wenig Wasser ca. 2–3 Stunden einlegen. Danach den Saft durch ein Leinentuch pressen (einfacher mit dem Entsafter). 4 Handvoll Brennesseltriebe geben ca. 2 EL Saft.
Eine Frühjahrskur dauert 2 Wochen. Man fängt mit 1 EL pro Tag an, steigert auf 7 EL pro Tag nach 1 Woche und geht genauso auf 1 EL zurück.

Buche,
Rot-Buche
Fagus sylvatica

Standort
Typisch mitteleuropäischer Laubbaum. Wächst vom Flachland
bis in die Mittelgebirgslagen. Durch Anpflanzungen von
schnellwüchsigen Fichtenkulturen wird die Buche
zunehmend verdrängt.

Ernte
Von April bis Mai die jungen, zarten Blätter, im September/
Oktober die Bucheckern.

Geschmack
Die Blätter schmecken fein-würzig, die Bucheckern nußartig.

Gesundheitlicher Wert
Nur aus dem Buchenholz zu erzielen.

Buche

Bucheckernsauce

1 Tasse Bucheckernkerne,
1 Knoblauchzehe, 4 EL Beifußöl
(siehe Seite 90), einige Beifußrispen,
Käsereste, 1 EL Blütenessig (siehe
Seite 92), 3 Tropfen Bärenklautinktur
(siehe Seite 91), ¼ l saure Sahne,
1 Eigelb.

Die Bucheckern und die geschnittene Knoblauchzehe in Beifußöl anrösten, die zerkleinerten Beifußrispen und Käsereste zufügen, mit dem Blütenessig, der Tinktur und dem Eigelb-Sahnegemisch abschmecken.

Grüner Buchenlikör

2 Handvoll junge Buchenblätter,
1 fingerkuppengroßes Stück
frische Ingwerwurzel,
0,7 l klarer Schnaps (38%),
200 g Zucker, ¼ l Wasser.

Die Blätter gründlich säubern und verlesen. Es sollen keine braunen Blatthüllenreste in den Schnaps kommen. Die Blätter und die Ingwerwurzel in ein weithalsiges, helles Glasgefäß (Einmachglas) füllen und mit dem klaren Schnaps übergießen. Den Ansatz an einem hellen, warmen Ort etwa 5–7 Tage stehen lassen, bis sich ein hellgrüner Farbton bildet. Anschließend die Flüssigkeit durch einen Kaffeefilter abgießen. Jetzt haben wir einen Buchenschnaps. Wer ihn süßer mag, muß den Zucker in dem Wasser auflösen und zu dem Buchenschnaps geben.

Waldblattsalat

2 Handvoll ganz junge Buchenblätter,
1 Handvoll junge Birkenblätter,
1 Handvoll Weißdomblätter, 1 Apfel,
3 EL Sonnenblumenöl, 2 EL Obstessig,
1 TL Fichtenspitzenhonig, Kräutersalz,
Pfeffer, 30 g Haselnüsse.

Die Blätter sorgfältig waschen, entstielen und grob hacken. Den Apfel vierteln, vom Kerngehäuse befreien und in kleine Würfel schneiden. Aus dem Sonnenblumenöl, dem Obstessig, dem Honig, Kräutersalz und Pfeffer eine Marinade herstellen. Die Blätter und den gewürfelten Apfel unter die Marinade mischen und mit den grobgeraspelten Haselnüssen bestreuen.

Dost

Origanum vulgare

Standort

An warmen Gebüsch- und Heckensäumen, Waldrändern und Böschungen. Liebt trockenen, basenreichen, sandigen Boden, Düngung und Beweidung verträgt er nicht.

Ernte

Man sammelt die nicht verholzten oberen Triebspitzen während der Blütezeit von Juli bis September.

Geschmack

Stark würzig, aromatisch.

Gesundheitlicher Wert

Appetitanregend, verdauungsfördernd, Bestandteil von Hustentee.

Dost

mit Dost bestreuen. Insgesamt soll es etwa 4 Lagen Kartoffeln geben. Auf die letzte Lage Kartoffeln keinen Dost streuen. Die Kartoffeln bis ca. 1–2 cm unter den Rand der Auflaufform schichten.

Milch in die Form gießen. Die Kartoffeln sollen gut zur Hälfte damit bedeckt sein. Dann die süße Sahne darübergießen, so daß die Kartoffelscheiben gerade bedeckt sind. Die restliche Butter in Flöckchen auf dem Gericht verteilen. Im vorgeheizten Backofen bei 170 Grad etwa 1½ Stunden backen. Den Auflauf sofort servieren.

Überbackene Dostkartoffeln

Foto

*1 kg festkochende Kartoffeln,
Kräutersalz, Pfeffer, Muskatnuß,
3 Handvoll Dost, 40 g Butter,
0,3 l Milch, 0,2 l süße Sahne.*

Die Kartoffeln gründlich waschen und mit der Schale in dünne Scheiben schneiden. Die Kartoffelscheiben mit Küchenkrepp abtrocknen und mit Kräutersalz, Pfeffer und einer Prise Muskatnuß abschmecken. Harte Stengel vom Dost entfernen und klein hakken. Eine Auflaufform gut einfetten. Eine dünne Lage Kartoffelscheiben hineinlegen und mit dem gehackten Dost bestreuen. Dann folgt die nächste Lage Kartoffelscheiben. Diese wieder

Zucchini-Dost-Auflauf

*1 Tasse Vollkornreis,
1 Tasse Milch, 1 Tasse Wasser,
1 kg Zucchini, 4 EL Olivenöl,
1 Zwiebel, 3 Eier,
50 g frisch geriebener Parmesankäse,
1 Handvoll Petersilie,
2 Handvoll Dost,
Salz, Pfeffer, 40 g Butter,
1 EL Semmelbrösel.*

Den Reis in der Milch und dem Wasser ca. 20 Minuten kochen. Zucchini waschen und in Scheiben schneiden. Die Zucchinischeiben in dem Öl kurz andünsten. Auf Küchenkrepp abtropfen lassen. Die Zwiebel würfeln in dem Bratfett andünsten. Eier verquirlen. Den Käse, gehackte Petersilie, Dost, Zwiebelwürfel und Reis dazugeben, würzen und gut vermischen. Eine Auflaufform einfetten und abwechselnd Zucchinischeiben und Kräuter-Eier-Masse einfüllen. Mit Butterflöckchen belegen und mit den Semmelbröseln bestreuen. Im vorgeheizten Backofen bei 200 Grad ca. 30 Minuten überbakken.

Vollkornspaghetti mit Kräutern

250 g Vollkornspaghetti (gibt es in Reformhäusern oder Naturkostläden), Salz, 3 EL Olivenöl, 1 Zwiebel, 2 Knoblauchzehen, 2 EL Vollkornsemmelbrösel, 1 Handvoll Petersilie, 1 Handvoll Dost, Pfeffer, geriebener Parmesankäse.

Die Spaghetti in reichlich Salzwasser mit 1 EL Olivenöl ca. 8 Minuten kochen. In der Zwischenzeit Zwiebel würfeln, Knoblauchzehen zerdrücken. Das Öl in einem Topf erhitzen und darin Zwiebel und Knoblauch andünsten, Semmelbrösel zugeben und leicht anrösten. Die Kräuter fein hacken und in den Topf geben. Mit Salz und Pfeffer abschmecken und mit den Spaghetti vermischen. Heiß servieren und nach Belieben mit geriebenem Parmesankäse bestreuen.

Weiße Bohnen à la Italia

500 g weiße Bohnen, 1 mittelgroße Sellerieknolle, 300 g Zwiebeln, 300 g Tomaten, 1 Knoblauchzehe, 3 EL Olivenöl, 2 Handvoll Dost, 1 Handvoll Thymian, 2 frische Salbeiblätter, Salz, Pfeffer.

Bohnen über Nacht in zwei Liter Wasser einweichen. Im Einweichwasser 1 Stunde weich kochen, anschließend abtropfen lassen. Sellerie putzen und in kleine Stücke schneiden. Zwiebeln würfeln. Tomaten mit heißem Wasser überbrühen, die Haut abziehen, entkernen und in kleine Stücke schneiden. Zwiebeln mit dem zerdrückten Knoblauch in Öl andünsten. Sellerie, Tomaten, Bohnen und gehackte Kräuter unterrühren. Alles zusammen 15 Minuten dünsten. Mit Salz und Pfeffer würzig abschmecken.

Kräuter-Bratäpfel

4 Äpfel, 4 Selleriescheiben oder 4 gebutterte Brotecken, 4 EL Schinkenspeckwürfel, 2 Zwiebeln, 1 Knoblauchzehe, 2 Minzenblätter, 4 Dosttriebspitzen, 9 Malvenblätter, 10 Beeren von einer reifen Holunderdolde, 1 TL Salbeihonig (siehe Seite 93), Käsereste, Minzensahne (siehe Seite 65).

Aus den ganzen Äpfeln das Kernhaus entfernen, große Äpfel quer halbieren. Die Selleriescheiben oder die gebutterten Brotecken als Boden auf ein gefettetes Backblech setzen, die Äpfel daraufsetzen. Schinkenspeck-, Zwiebel- und Knoblauchwürfel anbraten, mit den gewaschenen, geschnittenen Kräutern, den gewaschenen Holunderbeeren, Salbeihonig, Käseresten und 1 EL Minzensahne mischen und in die ausgehöhlten Äpfel füllen. Im Ofen bei ca. 180 Grad 30 Minuten backen und mit kalter Minzensahne servieren.

Dost

Kleine Dost-Pfannkuchen

2 Eier, 2 EL saure Sahne,
ca. 1 EL Blütenessig (siehe Seite 92),
2 EL Weizenvollkornmehl, Blätter von
4 Doststengeln, 1 Pfefferminzblatt,
1 EL Brennessel-Walnußblattpulver,
1 Messerspitze Angelikawürze (siehe
Seite 90), Beifußöl (siehe Seite 90).

Die aufgeschlagenen ganzen Eier mit der Sahne und dem Blütenessig verrühren und das Mehl zugeben. Die Dostblätter und das Minzenblatt waschen, abtropfen lassen, fein schneiden und zusammen mit dem Brennessel-Walnußblattpulver und der Angelikawürze dem Teig zugeben. Eßlöffelweise in dem heißen Beifußöl in der Pfanne ausbacken.

Sommerblütenbutter

Gleiche Teile Malvenblüten,
noch grüne Malvensamenstände
(die »Käschen«), Odermennigblüten,
Johanniskrautblüten, Dostblüten,
Bohnenkrautblüten,
Weidenröschenblüten,
Blutweiderichblüten und
Ringelblumenblütenblätter,
1 Minzenähre, 1 kleine Labkrautblüte,
1 kleine Mädesüßblüte

Alles zusammenmischen und mit weicher Butter verkneten (evtl. mit etwas Blütenessig, Seite 92, mixen) und kühl stellen. Zwischen Pergamentpapier kleine Kugeln formen und diese in verschiedenen Kräuterpulvern wälzen.

Dostküchlein

50 g weiche Butter,
100 g Weizenvollkornmehl,
1 EL Blütenessig (siehe Seite 92),
Blätter und Blüten von 8 Doststengeln,
6 Thymian- und 4 Bohnenkrautstengel,
1 frisches Minzenblatt,
1 EL Brennessel-Walnußpulver,
1 Messerspitze Angelikawürze
(siehe Seite 90).

Aus der Butter, dem Mehl und dem Blütenessig einen Mürbteig kneten. Die gewaschenen, feingeschnittenen Kräuter zusammen mit dem Brennessel-Walnußblattpulver und der Angelikawürze in den Teig einarbeiten. Haselnußgroße Kugeln formen, auf ein gefettetes Backblech setzen und bei 150 Grad 30–40 Minuten im Ofen backen.

Dost-Pflaumen-Sauce

20 gedörrte Pflaumen,
1 EL grüner Pfeffer, frisch gemahlen,
3 Dostblütenstände,
1 Minzenblatt,
¼ Stange Zimt,
1 Likörglas Rum.

Die Pflaumen mit Wasser bedecken. Wenn sie nach einiger Zeit aufgequollen sind, zusammen mit dem Einweichwasser erhitzen, die zerkleinerten Kräuter und die Gewürze zugeben und verrühren.
Diese Sauce schmeckt sehr gut zu Kasseler und ähnlichen Fleischgerichten, aber auch zu Knödeln.

Echte Engelwurz, Angelika

Angelica archangelica

Standort

Auf nährstoffreichen Böden, an Flußufern und auf feuchten Wiesen. Kann auch gut im Garten angebaut werden.

Ernte

Von April bis Mai erntet man die jungen Blätter, die Blüten von Juli bis August, den Samen und die Wurzel von September bis Oktober.

Geschmack

Bitter, herb, aromatisch.

Gesundheitlicher Wert

Appetitanregend, verdauungsfördernd, magenstärkend. Als Heilmittel Bestandteil von Husten-, Nerven- und Magen-Darmtee.

Engelwurz

Angelika-Blattgemüse

3 Zwiebeln, 6 ganz junge
Angelikablätter, 1 EL Butter,
½ TL grüner Pfeffer, frisch gemahlen.

Die Zwiebeln schälen und würfeln. Die Angelikablätter waschen, abtropfen lassen und fein schneiden. Die Butter in der Pfanne erhitzen, Zwiebelwürfel und Angelikablätter zufügen und weich dünsten. Mit dem Pfeffer zu einer scharf-würzigen Gemüsebeilage abschmecken.

Angelika-Stengelgemüse

6–8 Angelikastengel, etwas
Gemüsebrühe, 1 Minzenblatt, wenig
Thymiankraut, 1 TL Butter.

Die Angelikastengel kurz abkochen. Die äußeren harten Fasern abziehen, in etwa 5 cm lange Stücke schneiden und in wenig Gemüsebrühe weich dämpfen. Mit 1 zerschnittenen Minzenblatt und wenig Thymiankraut würzen und die Butter zugeben.

Süße Angelikastengel

6–8 Angelikastengel, 1 Handvoll
Himbeeren, 1 Handvoll Odermennig-
oder Blutweiderichblüten,
1 EL Blütenessig (siehe Seite 92),
1 EL Salbeihonig (siehe Seite 93).

Die Angelikastengel kurz abkochen, die äußeren harten Fasern abziehen, mit frischem Wasser bedecken und

weich kochen. Wenn fast alles Wasser verdampft ist, die Himbeeren und Kräuterblüten untermischen. Mit Blütenessig und Salbeihonig würzen.

Angelika-Rhabarber

5 Rhabarberstiele, 1 Angelikastengel,
2 EL Salbeihonig (siehe Seite 93),
1 Banane, 1 Tasse Erdbeeren.

Die Rhabarberstiele abziehen, in Stükke schneiden. Den Angelikastengel kurz abkochen, die äußeren harten Fasern abziehen, in Stücke schneiden. Mit wenig Wasser weich kochen. Mit Honig süßen. Die kleingeschnittene Banane und die Erdbeeren untermischen.

Engelwurzlikör

30 g frische oder getrocknete
Angelikawurzel, 10 g Angelikasamen,
4 Nelken, 1 Zimtstange, 5 g Kardamom,
Schale einer unbehandelten Orange,
1 l klarer Schnaps (38%), 200 g Honig.

Die Angelikawurzel gründlich säubern und klein schneiden. Die Wurzel zusammen mit den Gewürzen und der Orangenschale in eine Glasflasche geben und mit dem Schnaps übergießen. Den Ansatz an einem warmen Ort 3 Wochen ziehen lassen. Abfiltern. Den Honig mit etwas Wasser leicht erwärmen und dazugeben. Den Likör in eine saubere Flasche füllen, gut verschließen und im Keller noch ca. 2 Monate lagern.

Gänseblümchen
Bellis perennis

Standort
Recht häufig auf nährstoffreichen Wiesen, Weiden
und in Parks.

Ernte
Alle oberen Teile, d. h. Blätter und Blüten, können
das ganze Jahr über gesammelt werden.

Geschmack
Angenehm herb bis leicht bitter.

Gesundheitlicher Wert
Stoffwechselanregend.

Deutsche Kapern

1 Handvoll Gänseblümchenknospen,
1 Handvoll Scharbockskrautknospen,
½ l Wasser, 3 EL Salz, ½ l Obstessig.

Die Blütenknospen 24 Stunden in
Salzwasser einlegen. Dann kurz mit
heißem Wasser abspülen und in ein
Einmachglas füllen. Mit dem Essig
übergießen und die Gläser fest verschließen. 2 Wochen ziehen lassen.

Grüner Brotaufstrich

2 Handvoll Gänseblümchen (ganze
Pflanze mit Blüte), 1 Handvoll
Sauerampferblätter, 1 Handvoll
Scharbockskrautblätter, 1 Zwiebel,
2 EL Olivenöl, 200 g Frischkäse,
1 TL Zitronensaft, Pfeffer.

Die Kräuter gründlich waschen, gut abtropfen lassen. Mit einem Wiegemesser
ganz klein hacken. Die Zwiebel möglichst fein würfeln. Beides in dem Öl
ca. 2 Minuten andünsten, unter den
Frischkäse mengen, mit Zitronensaft
und Pfeffer abschmecken.

Frühlingssalat Foto

2 Handvoll Gänseblümchenblätter,
einige Sauerampferblätter, 1 Handvoll
Gänseblümchenblüten, 1 Bund
Radieschen, 2 EL Sonnenblumenöl,
1 TL Obstessig, Pfeffer, Salz,
1 hartgekochtes Ei, 1 EL Schnittlauch.

Die Blätter verlesen und gründlich waschen. Die Blüten kurz abspülen. Die
Radieschen in dünne Scheiben schneiden. Das Öl und den Essig in einer Salatschüssel verrühren. Mit Salz und
Pfeffer abschmecken. Die Gänseblümchenblätter und -blüten dazugeben.
Gut vermischen. Den Salat mit dem geviertelten Ei garnieren. Mit kleinge-
schnittenem Schnittlauch und einigen
Gänseblümchenblüten bestreuen.

Giersch, Geißfuß
Aegopodium podagraria

Standort
Bevorzugt halbschattige Stellen in Wäldern, Parks,
Gebüschen und Gärten.

Ernte
Von April bis Juni werden die jungen Blätter gepflückt. Da die
Pflanze aber immer wieder nachwächst, kann sie auch noch
zu späteren Zeitpunkten gesammelt werden.

Geschmack
Junge Blätter haben einen feinherben Geschmack. Die älteren
Blätter schmecken petersilienähnlich und eignen sich
nur noch zum Würzen.

Gesundheitlicher Wert
Wird in der Volksmedizin gegen Gicht und Rheuma benutzt,
äußerlich aufgelegt gegen Insektenstiche.

Giersch

Selleriesalat mit Giersch

*2 EL Sonnenblumenöl, 0,2 l saure
Sahne, 2 EL Honig, 1 EL Zitronensaft,
Salz, Pfeffer, 1 Handvoll ganz junge
Gierschblätter, 1 Sellerieknolle,
10 g Walnüsse.*

Das Öl, die Sahne, den Honig und den
Zitronensaft vermischen und mit Salz
und Pfeffer abschmecken. Die Gierschblätter waschen, abtropfen lassen und
fein hacken. Den Sellerie möglichst
klein raspeln. Alles unter die Sauce mischen und mit den grobgehackten Wal-
nüssen bestreuen.

Gierscheintopf

*8 Handvoll Gierschblätter,
2 EL Olivenöl, 1 Zwiebel,
4 festkochende Kartoffeln, Salz, Pfeffer,
1 TL Curry, ½ l Wasser,
1 Knoblauchzehe, 1 EL Petersilie.*

Die Gierschblätter von den groben
Stengeln befreien und waschen. In
reichlich Wasser ca. 3 Minuten blanchieren, gut ausdrücken und hacken.
Das Öl in einem Schmortopf erhitzen,
die kleingewürfelte Zwiebel hineingeben und glasig dünsten. Den Giersch
hinzufügen und bei schwacher Hitze
unter Rühren ca. 5 Minuten dünsten.
Anschließend die in dünne Scheiben
geschnittenen Kartoffeln dazugeben.
Mit Salz, Pfeffer und Curry würzen. Das
kochende Wasser, die zerdrückte
Knoblauchzehe und die gehackte Petersilie zugeben. Zugedeckt bei schwacher Hitze 30 Minuten kochen lassen.

Gierschbrot

*8 Handvoll Gierschblätter,
4 Handvoll Franzosenkrautblätter,
5 Eier, 3 EL süße Sahne,
Salz, Pfeffer, 20 g Butter.*
<u>*Sauce:*</u> *30 g Weizenvollkornmehl,
¼ l Milch, 20 g Butter,
2 EL süße Sahne, Salz, Pfeffer,
Muskatnuß, 30 g Parmesankäse.*

Die Kräuter waschen und die harten
Stiele entfernen. Anschließend in kochendem Salzwasser ca. 5 Minuten
blanchieren. Herausnehmen und gut
ausdrücken. Die Blätter ganz fein hakken oder in einem Mixer pürieren. Die
Eier mit der Sahne verquirlen und mit
Salz und Pfeffer würzen. Diese Mischung unter den pürierten »Kräuter-
spinat« mischen. Eine kleine, längliche
Auflaufform mit der Butter ausstrei-
chen und die Mischung hineingeben.
Die Form im Wasserbad, z. B. in einer
Bratenkasserolle, im vorgeheizten
Backofen bei 180 Grad 45 Minuten garen. Wenn das Gierschbrot in der Mitte
aufgegangen ist und sich fest anfühlt,
auf eine feuerfeste Platte stürzen.
Während des Backens die Sauce herstellen. Das Mehl in einem Topf unter
Rühren kurz anrösten – nicht länger als
1 Minute –, dann in einen kalten Topf
schütten und ganz langsam unter ständigem Rühren die Milch zugeben. Den
Topf wieder auf die Platte stellen und
bei kleinster Hitze unter Rühren die
Butter, Sahne und Gewürze zugeben.
Die Hälfte des geriebenen Parmesan
unter die Sauce mischen. Mit der Sauce das Gierschbrot überziehen, den
restlichen Parmesan darüberstreuen

Giersch

und bei 230 Grad im Backofen überbacken. Nach 10 Minuten ist das
Gierschbrot knusprig braun und fertig.

Hinweis Das Gierschbrot ist ein
vollwertiges Hauptgericht. Dazu paßt
gut ein frischer Blattsalat, z.B. Löwenzahn, Feldsalat oder Endivien.

Abwandlung Statt der Franzosenkrautblätter können auch Brennessel-,
Wiesenknöterich- oder Huflattichblätter verwendet werden.

und mit den Gewürzen abschmecken.
Die Masse in die Kartoffeln füllen. Die
Kartoffeln in eine feuerfeste Form setzen und mit dem geriebenen Käse bestreuen. Die Form in den kalten Backofen schieben und bei 200 Grad etwa
20 Minuten überbacken.

Hinweis Die beim Aushöhlen übrig-
gebliebene Kartoffelmasse kann für
Kräuterkartoffelsuppe oder Kräuterkar-
toffelbrei verwendet werden, speckige
Kartoffeln sogar zu Salat.

Kartoffelgeheimnis

*1–2 große Kartoffeln
pro Person.
Füllung für 1 große Kartoffel:
1 Zwiebel, 1 EL Olivenöl,
½ Knoblauchzehe, 2 Handvoll
Gierschblätter, 50 g Frischkäse, Salz, Pfeffer, Curry,
süßer Paprika,
30 g mittelalter Gouda.*

Kartoffeln gründlich waschen,
nicht schälen. In Salzwasser
ca. 20–30 Minuten kochen.
Jede Kartoffel kreuzweise ein-
ritzen und mit einem Teelöffel
aushöhlen.
Zwiebel in Würfel schneiden
und in heißem Öl glasig dünsten. Zerdrückte Knoblauchzehe und kleingehackte Gierschblätter dazugeben. 10 Minuten
leicht dünsten. Bei Bedarf etwas Gemüsebrühe dazuge-
ben. Vom Herd nehmen, den
Frischkäse unterrühren

Gundermann
Glechoma hederacea

Standort
Bevorzugt schattige Stellen auf Wiesen, Weiden,
an Gebüschrändern, Zäunen und Wegen.

Ernte
Die Haupterntezeit ist von März bis Juni. Man pflückt die jungen
Blätter. Einzelne Blätter zum Würzen können das ganze Jahr
über genommen werden.

Geschmack
Herb-würzig mit leicht scharfem Nachgeschmack.

Gesundheitlicher Wert
Stoffwechselanregend, in der Volksmedizin gegen
Lungenleiden und Nierensteinbeschwerden.

Gundermann

Gundermann-quark

Foto

*1 Handvoll Gundermann-
blätter, einige Schafgarben-
und Sauerampferblätter,
250 g Quark (20%),
2 EL süße Sahne,
1 EL Sonnenblumenöl,
Salz, Pfeffer,
1 Messerspitze Curry,
1 TL Gomasio
(geröstetes Sesamsalz).*

Die Kräuter waschen und möglichst
fein hacken. Den Quark mit der Sahne
und dem Öl verrühren und mit den
Gewürzen abschmecken. Die Kräuter
zugeben und gut durchmischen.

Herbstlicher Brotaufstrich

*½ Fenchelknolle, ½ Sellerieknolle,
2 Topinamburknollen, 1 TL Kümmel,
1 cm Ingwerknolle.*

Alles zusammen in wenig Wasser
weich dünsten und auskühlen lassen.

*2 rohe Topinamburknollen, 1 Apfel,
1 Banane, 2 cm Ingwerknolle,
je 2 EL Gundermann- und Schafgarbenblätter, 2 Scheiben Weichkäse,
1 Ei, Zitronensaft, ½ Avocado.*

Alle Zutaten wie üblich vorbereiten
und zusammen mit den gedünsteten
Zutaten mit dem Handmixer gut zerkleinern, vielleicht mit etwas saurer
Sahne abschmecken. Zu Vollkornbröt-
chen oder als Salat reichen.

Pikanter Brotaufstrich

*1 Handvoll Gundermannblätter,
1 Handvoll Schafgarbe, 1 Handvoll
Sauerampferblätter, 1 Knoblauchzehe,
125 g Butter, 1 EL Hefeflocken, Salz,
Pfeffer.*

Die Kräuter gründlich waschen und
möglichst fein hacken – am besten im
Mixer zerkleinern –, Knoblauch zerdrücken. Die Kräuter und den Knoblauch mit einer Gabel unter die weiche
Butter kneten. Mit Hefeflocken, Salz
und Pfeffer würzen.

Gundermanngemüse

*3 Handvoll Gundermannblätter,
1 EL Butter, 6 Tropfen Angelikatinktur
(siehe Seite 90).*

Die Blätter waschen, abtropfen lassen.
Die Butter in einem Topf erhitzen, die
Blätter zufügen und weich dünsten. Mit
der Angelikatinktur würzen.

Haselnuß
Corylus avellana

Standort
Im Unterholz von Laubmischwäldern sowie in Gebüschen und Hecken.

Ernte
Die Nüsse sammelt man von September bis Oktober.

Geschmack
Bekannt.

Gesundheitlicher Wert
Reich an Eiweiß, fettem Öl und Mineralien.

Haselnußklößchen-suppe

50 g Haselnüsse,
30 g Butter, 1 Ei,
30 g Vollkornsemmelbrösel,
Salz, Pfeffer, geriebene
Muskatnuß, Brecht's Delikata,
1 TL Hefeflocken,
2 Gemüsebrühewürfel,
1 l Wasser.

Die Haselnüsse in der Nuß-
mühle fein mahlen. Die weiche Butter in einer Schüssel
mit dem Ei schaumig rühren.
Haselnüsse und Vollkornsemmelbrösel dazugeben und vermischen. Mit den Gewürzen
abschmecken. Den Klößchen-
teig 15 Minuten im Kühl-
schrank stehen lassen. Inzwischen die Gemüsebrühewürfel
in heißem Wasser auflösen.
Aus dem Teig mit einem Teelöffel Klößchen abstechen,
diese in die heiße Brühe geben und 5 Minuten ziehen lassen. Die Suppe mit Schnittlauch und
Petersilie bestreuen, heiß servieren.

Haselnuß-Vollkornkuchen

Foto

250 g Butter, 4 Eier, 200 g Honig,
250 g Weizenvollkornmehl,
2 TL Weinsteinbackpulver,
200 g Haselnüsse,
1 TL Vanillezucker,
50 g bittere Schokolade,
Butter zum Ausfetten der Backform.

Die weiche Butter mit den Eiern schaumig rühren (die Eier rechtzeitig aus
dem Kühlschrank nehmen, damit sie
nicht zu kalt sind). Nach und nach den
Honig zugeben. Mehl und Weinsteinbackpulver vermischen und unterrühren. Zum Schluß die geriebenen Haselnüsse, Vanillezucker und geraspelte
Schokolade dazugeben. Den Teig
dann ca. eine halbe Stunde quellen lassen. Eine Kastenform mit Butter einfetten. Den Teig einfüllen und auf der unteren Schiene ca. 60 Minuten bei
200 Grad backen.

Heckenrose, Hunds-Rose
Rosa canina

Standort
An Waldrändern, Hecken, Feldgehölzen, auf warmen, trockenen Böden.

Ernte
Die Blüten pflückt man im Mai/Juni, die reifen Früchte (Hagebutten) hauptsächlich im Oktober.

Geschmack
Die Blüten haben ein mildes, süßes Aroma, die Früchte schmecken säuerlich bis süß.

Gesundheitlicher Wert
Die Früchte sind durch den hohen Vitamin C-Gehalt ein gutes, vorbeugendes Mittel in Erkältungszeiten.

Heckenrose

Hagebuttenlikör

500 g vollreife Hagebutten, 0,7 l klarer Schnaps (38%), 200 g Honig.

Die Hagebutten von den Stielen und den braunen Blütenresten befreien. Über Nacht ins Gefrierfach legen. Die Hagebutten leicht zerdrücken, in ein Glasgefäß, z.B. Weckglas, füllen und mit dem klaren Schnaps übergießen. Den Ansatz 10 Tage an einen warmen, sonnigen Platz stellen. Anschließend mehrmals durch einen Papierfilter ablaufen lassen. Den Honig im Wasserbad dünnflüssig werden lassen und zu dem Hagebuttenschnaps geben.

Hinweis Je älter der Likör wird, desto aromatischer schmeckt er. Durch die Kerne bekommt er ein leichtes Vanillearoma.

Hagebutten-Dip

500 g Hagebuttenmus (siehe rechts), Saft von einer Zitrone, 1 Likörglas Wacholderschnaps, einige Melissenblätter und Angelikablütenteilchen.

Das Hagebuttenmus mit dem Zitronensaft und dem Wacholderschnaps verrühren. Die gewaschenen, abgetropften Melissenblätter und die ungewaschenen Angelikablütenteilchen fein schneiden und untermischen. Diese längere Zeit haltbare Würzsauce paßt – mit etwas süßer Sahne verlängert – zu Hirsebrei oder Melonensalat.

Hagebuttenmus

500 g Hagebutten, 0,5 l Wasser, 200 g Honig.

Die Hagebutten entstielen und Blütenreste entfernen. Die Frucht halbieren, entkernen und 24 Stunden in dem Wasser einweichen. Das Wasser anschließend abgießen. Die Früchte mit wenig Wasser – ca. 1 Tasse – weich kochen. Durch ein Sieb streichen. Die Fruchtmasse zusammen mit dem Honig nochmals kurz erhitzen. Heiß in vorbereitete Gläser füllen.

Hinweis Das Hagebuttenmus ist Grundlage für zahlreiche Gerichte. Es kann zu Süßspeisen, z.B. Reisauflauf, als Brotaufstrich, für Tortenböden, zu Marmelade und zum Füllen von Backwaren verwendet werden.

Rosenblütenlikör

4 Handvoll Heckenrosenblütenblätter, 10 g Weinsteinsäure (Apotheke), ¼ l Wasser, 300 g Zucker, ½ l Weingeist (40%).

Die Rosenblütenblätter in ein Einmachglas geben. Die Weinsteinsäure in dem Wasser auflösen, dazugeben. Den Ansatz an einem dunklen Ort ca. 48 Stunden ziehen lassen. Den Zucker im Weingeist auflösen und über den Ansatz gießen. Nochmals ca. 24 Stunden ziehen lassen. Durch einen Kaffeefilter abfiltern. An einem dunklen Ort aufbewahren.

Heckenrose

Hagebutten-Rotwein-Marmelade

Foto

500 g Hagebutten, 0,5 l Rotwein,
½ unbehandelte Zitrone, 200 g Honig.

Die Hagebutten von den Stielen und Blütenresten befreien. Halbieren und mit einem Messer oder scharfen Löffel die Kerne herauskratzen. Die Schalen mehrmals gründlich waschen. In einen Steinguttopf füllen, mit dem Rotwein übergießen und 24 Stunden stehen lassen. Den Rotwein abgießen. Die Hagebutten mit nur etwas Rotwein und der abgeriebenen Zitronenschale weich kochen. Die Masse durch ein Sieb streichen, den Honig zugeben und nochmal kurz erhitzen. Die Marmelade sofort in vorbereitete Gläser füllen und verschließen.

Rote Suppe

250 g Hagebutten, 1 l Wasser,
2 Gewürznelken, 1 Sternanis,
½ Zimtstange, ¼ l Weißwein
(z. B. Mario Muskat), 1 EL Mehl,
2 EL Honig.

Die Hagebutten entstielen, von den Blütenresten befreien, halbieren, entkernen und mehrmals waschen. Die gesäuberten Hagebutten mit den Gewürzen in dem Wasser ca. 20 Minuten weich kochen, durch ein Sieb streichen. Die aufgefangene Flüssigkeit wieder in den Topf gießen. Das Mehl in dem Weißwein klumpenfrei verquirlen, in den Topf geben und nochmals kurz aufkochen lassen. Mit dem Honig süßen. Die Suppe kann kalt und warm gegessen werden.

Heidelbeere

Vaccinium myrtillus

Standort
Wächst in lichten Wäldern und Heiden, auf nährstoffarmen, sauren Böden.

Ernte
Von Juli bis September werden die vollreifen Beeren gepflückt.

Geschmack
Vollmundig, süß.

Gesundheitlicher Wert
Die frischen Beeren haben eine leicht abführende Wirkung, die getrockneten Beeren helfen bei Durchfallbeschwerden.

Hoiberdatschi

Menge für 4 Hoiberdatschi:
100 g Weizenvollkommehl,
50 g Buchweizenmehl, 2 Eier,
4 EL Milch, 4 EL Mineralwasser,
1 Prise Salz, 4 Handvoll Heidelbeeren,
Butterschmalz, Puderzucker.

Das Weizenmehl und das Buchweizenmehl vermischen. Eier, Milch, Mineralwasser und Salz zugeben und alles zu einem dünnflüssigen Teig verquirlen. Die Heidelbeeren waschen und gut abtropfen lassen.

In einer Pfanne Butterschmalz schmelzen, so daß der Boden der Pfanne bedeckt ist. Mit einem Schöpflöffel den Teig in die Pfanne geben und gut verteilen. Eine Handvoll Heidelbeeren auf den Teig geben und ca. 3 Minuten backen. Den Hoiberdatschi mit Schwung und Geschick umdrehen und nochmals ca. 2 Minuten backen. Den fertigen Datschi auf einen Teller geben, mit Puderzucker bestreuen und sofort servieren.

Der Teig wird besonders aromatisch, wenn nur 3 EL Wasser und 1 EL Weinbrand genommen werden.

Heidelbeere

Blaubeerküchlein

500 g Quark (20%), 3 Eier,
100 g Vollweizengrieß, 1 EL Honig,
1 Vanilleschote, 300 g Heidelbeeren,
Butterschmalz, Puderzucker.

Den Quark mit den Eiern, dem Grieß und dem Honig verrühren. Die Vanilleschote aufschlitzen, mit einem Messer das Mark herauskratzen und zum Quarkteig geben. Die gewaschenen Heidelbeeren unter den Quark heben. In einer Pfanne das Butterschmalz erhitzen, aus jeweils 1 Eßlöffel Quarkmasse kleine Küchlein formen und im Fett ausbraten. Mit Puderzucker bestäuben.

Hoiberhex

500 g Heidelbeeren, 0,3 l Wasser,
1 Zimtstange, 2 Gewürznelken,
1 Vanilleschote, 1 Stück frischer Ingwer
(von der Größe einer Fingerkuppe),
0,7 l klarer Schnaps (38%),
200 g Honig.

Heidelbeeren waschen und zusammen mit allen Gewürzen in dem Wasser ca. 10 Minuten leicht kochen (Vanilleschote dabei aufschlitzen). In ein Einmachglas gießen und über Nacht stehen lassen. Am nächsten Tag die Gewürze herausnehmen und die Heidelbeeren mit dem Schnaps übergießen. Gut verschlossen an einem kühlen Platz 2 Wochen ziehen lassen. Anschließend durch ein Tuch abfiltern, den Honig zugeben, gut durchschütteln und nochmal 2 Wochen kühl lagern.

Heidelbeer-Bananen-Dessert

2 vollreife Bananen,
200 g Heidelbeeren, 1 TL Zitronensaft,
1 Päckchen Vanillezucker,
1 Becher süße Sahne.

Die Bananen im Mixer oder mit dem Passierstab zerkleinern. Die Heidelbeeren zugeben und ebenfalls zerkleinern. Den Zitronensaft und den Vanillezucker zugeben. Die Sahne steif schlagen. Das Heidelbeer-Bananendessert in Schälchen verteilen und mit der Schlagsahne verzieren.

Heidelbeertorte

200 g Weizenvollkornmehl, 1 Ei,
100 g Butter, 500 g Heidelbeeren.
Guß: 400 g Magerquark, 3 Eigelb,
300 g Honig, 3 Eiweiß.

Das Mehl mit dem Ei und der Butter schnell verkneten. Den Teig in einer Schüssel zugedeckt 2 Stunden in den Kühlschrank stellen. Inzwischen die Heidelbeeren verlesen, waschen und gut abtropfen lassen. Den Magerquark mit den Eigelb und dem Honig verquirlen. Den sehr steif geschlagenen Eischnee unterheben.
Den Teig ausrollen. Eine Springform ausfetten und den Teig hineinlegen. Einen ca. 3 cm hohen Rand formen. Den Boden ca. 5 Minuten bei 180 Grad vorbacken. Die Heidelbeeren auf dem Boden verteilen, den Guß darübergießen und den Kuchen bei 180 Grad 60 Minuten backen.

Blaue Grütze   Foto

*500 g Heidelbeeren, 3 TL Agar-Agar,
1 Vanilleschote, 4 EL Honig,
0,2 l süße Sahne.*

Die Heidelbeeren verlesen, waschen
und im Mixer oder mit einem Passierstab zu Mus passieren. Das Agar-Agar
und das ausgeschabte Vanillemark unter das kalte Mus mischen. Das Mus
langsam erhitzen, aber nicht kochen
lassen. Den Topf vom Herd nehmen
und den Honig unterrühren. Eine Puddingform kalt ausspülen, das Heidel-
beermus hineinfüllen, erkalten lassen
und zum Erstarren in den Kühlschrank
stellen.
Die Puddingform vor dem Stürzen kurz
in heißes Wasser tauchen. Auf einen
Teller stürzen und mit der steifgeschla-
genen Sahne servieren.

Rotes Wasser

*1 Handvoll getrocknete
Heidelbeeren,
½ l trockener Rotwein.*

Die Heidelbeeren ca. 10 Minuten in etwas Wasser sieden lassen. Die Flüssigkeit abseihen und zu dem Rotwein geben.

Hinweise Heidelbeeren trocknet
man, indem man sie auf ein Backblech legt und bei ca. 50 Grad im
Backofen dörren läßt.
Dieses Getränk schmeckt nicht nur
gut, sondern ist gleichzeitig ein Heil-
trunk bei Verdauungsstörungen, vor
allem bei Durchfall.

Schwarzer Holunder

Sambucus nigra

Standort
Bevorzugt in der Nähe menschlicher Siedlungen, in Gehölzen und Hecken, auf nährstoffreichem Boden.

Ernte
Die Blüten pflückt man im Mai/Juni, die Früchte im September, wenn sie vollreif sind.

Geschmack
Die Blüten haben einen aromatischen Geschmack, die Beeren schmecken leicht säuerlich bis süß.

Gesundheitlicher Wert
Die Blüten wirken abwehrsteigernd und schweißtreibend. Die Früchte haben außerdem noch einen verdauungsfördernden, blutreinigenden Effekt.

Holunder-Erdbeer-Küchlein

*2 Eier, 1 Tasse Cidre, 1 Tasse
Erdbeeren, Weizenvollkornmehl,
16–20 Holunderblütendolden,
Pflanzenfett.*

Die aufgeschlagenen ganzen Eier mit
dem Cidre und den gewaschenen, zerdrückten Erdbeeren verrühren. So viel
Mehl zufügen, daß ein noch dünnflüs-
siger Teig entsteht. In einem Topf reichlich Pflanzenfett erhitzen. Die ungewaschenen Holunderblütendolden – am
Stiel anfassen – in den Teig eintauchen, etwas abtropfen lassen und
schnell in das Fettbad geben, schwimmend ausbacken. Am Stiel wieder herausnehmen und sofort servieren.

Abwandlung Kräuter-Küchlein: Im
gleichen Teig lassen sich alle Blattkräu-
ter wie Brennesselblätter, Salbeiblätter,
Petersilienblätter, aber auch Borretsch-
und Melonenblüten ausbacken.

Hollerküchlein

*10 Holunderblütendolden,
150 g Weizenvollkornmehl, 2 Eier,
2 EL Sonnenblumenöl, ⅛ l Bier,
1 Prise Salz, 1 EL Honig, Kokosfett
zum Ausbacken, Zucker und Zimt.*

Holunderblüten auf Insekten untersuchen. Das Mehl mit dem Eigelb, Sonnenblumenöl, Bier, Salz und Honig zu
einem dickflüssigen Teig verrühren
und 1 Stunde stehen lassen. Das Eiweiß sehr steif schlagen. Das Kokosfett
in einer Pfanne erhitzen. Das Eiweiß
unmittelbar vor Gebrauch unter den
Teig heben. Die Blüten am Stiel fest-
halten, in den Teig tauchen und im Fett
goldgelb ausbacken. Herausnehmen,
kurz auf Küchenkrepp abtropfen lassen, mit Zucker und Zimt bestreuen
und heiß servieren.

Abwandlung Statt Bier können
auch Milch oder Mineralwasser verwendet werden.

Hollermus

*10 große, vollreife Holunderdolden,
2 Äpfel, 2 Birnen, 0,2 l Rotwein,
4 Nelken, 1 Zimtstange,
1 fingerkuppengroßes Stück
frische Ingwerwurzel,
200–300 g Honig.*

Die Holunderdolden waschen, anschließend die Beeren abstreifen. Äpfel und Birnen vierteln. Die Beeren zusammen mit dem Obst, dem Rotwein
und den Gewürzen ca. 15 Minuten kochen. Durch ein Sieb passieren und mit
dem Honig noch etwa 30 Minuten bei
schwacher Hitze unter häufigem Rühren dick einkochen, in saubere Gläser
füllen und luftdicht verschließen.

Hinweis Das Hollermus kann wie
Apfelmus zu Griesbrei, Reisauflauf,
Kaiserschmarrn oder als Nachtisch gegessen werden. Auch als süßer Brotaufstrich eignet es sich.

Holunder

Omas Fiebersuppe   Foto

6 vollreife Holunderdolden,
2 süße Äpfel, ½ Vanilleschote,
0,5 l Wasser, 3 EL Honig, 1 Prise Zimt.

Holunderbeeren von den Dolden streifen und waschen. Die Äpfel vierteln und zusammen mit den Beeren und der aufgeschlitzten Vanilleschote in dem Wasser ca. 20 Minuten kochen, anschließend durch ein Sieb streichen. Die Suppe mit dem Honig süßen und mit Zimt abschmecken. Heiß servieren.

Hinweis   Wer sich einen Wintervorrat anlegen möchte, kann eine entsprechend größere Menge kochen und diese dann heiß in ausgekochte Flaschen füllen. Es eignen sich hierfür sehr gut Saftflaschen mit Vakuumschraubverschluß.

»Sommerfrische«

10 Holunderblütendolden,
5 l Wasser, 300 g Zucker, 0,1 l Essig,
1 unbehandelte Zitrone, 1 Handvoll
Zitronenmelissenblätter, Erdbeeren.

Die Holunderblütendolden gründlich auf Insekten untersuchen. Das Wasser in ein Bowlengefäß oder einen Rumtopf gießen. Den Zucker in das Wasser geben und unter Rühren auflösen. Den Essig und die Blüten dazugeben. Die Zitronen in dünne Scheiben schneiden und hineinlegen. Die Bowle etwa 20 Stunden an einem warmen Ort ziehen lassen. Dann die gewaschenen Zitronenmelissenblätter dazugeben und noch ca. 3–4 Stunden in den Kühlschrank stellen. Danach wird das Getränk abgeseiht und kalt serviert. In jedes Glas eine Erdbeere geben – fertig ist eine alkoholfreie Sommerbowle.

»Junibowle«

7 Holunderblütendolden,
1½ l Weißwein (Riesling
oder Edelzwicker),
7 Zitronenmelissenblätter,
1 Flasche Sekt.

Den Weißwein in ein Bowlengefäß gießen, die gewaschenen Holunderblüten dazugeben und zugedeckt ca. 5 Stunden im Kühlschrank ziehen lassen. Nach 4 Stunden die Zitronenmelissenblätter beifügen. Vor dem Servieren den gekühlten Sekt dazugießen.

Holunder

Hollersekt

10–14 Holunderblütendolden,
5 l Wasser, 300 g Zucker,
0,1 l Obstessig,
2 unbehandelte Zitronen.

Die Holunderblütendolden gründlich
auf Insekten untersuchen. Das Wasser
abkochen. Während des Erkaltens den
Zucker zugeben. Das kalte Zuckerwas-
ser in einen Steinguttopf oder Rumtopf
gießen, den Essig zugeben und die
Blüten hineingeben. Die Zitronen in
dünne Scheiben schneiden und ebenfalls dazugeben. Den Topf zugedeckt
an einen warmen Ort stellen – er kann
ruhig in der Sonne stehen. Nach etwa
4 Tagen fängt das Getränk an zu gären.
Es steigen kleine Bläschen an die
Oberfläche. Die Blüten haben sich
bräunlich verfärbt.
Jetzt wird der Sekt abgeseiht und in
Flaschen gefüllt. Am besten eignen
sich dazu Sektflaschen. Mineralwasser-
flaschen halten meistens den Druck
nicht aus und explodieren. Wer vorhat,
Hollersekt herzustellen, sollte Sektflaschen samt Plastikkorken und Metall-
verschluß aufheben. Die Flaschen
müssen gründlich gereinigt werden.
Dann werden sie gefüllt. Der Flaschen-
hals sollte frei bleiben. Anschließend
werden sie wieder verkorkt und ver-
drahtet wie die Originalsektflasche. Vor
dem ersten Öffnen müssen die Flaschen in einem kühlen Keller noch ca.
3–4 Wochen lagern. Vorsicht beim Öffnen – die Flaschen stehen unter star-
kem Druck. Einige Monate kann Hollersekt kühl gelagert werden, so daß
man ihn Silvester trinken kann.

Holunderlikör

10 vollreife Holunderdolden,
1 Stange Zimt, 4 Nelken,
1 Vanilleschote,
0,7 l klarer Schnaps (38%),
200 g brauner Zucker.

Holunderdolden waschen, dann die
Beeren von den Stielen streifen. Die
Hälfte der Beeren zu Saft pressen (indem man sie im Mixer zerkleinert und
dann durch ein Sieb streicht). Den Saft,
die restlichen Beeren und die Gewürze
in eine Flasche füllen und mit dem
Schnaps übergießen. Den Zucker dazugeben, die Flaschen gut verschließen und an einem dunklen Ort etwa
3 Wochen ziehen lassen. Den Likör gelegentlich schütteln. Nach drei Wochen
abfiltern. Je länger der Likör noch anschließend gelagert wird, desto besser
wird er.

Holunderbeeressig

2 Handvoll abgestreifte
Holunderbeeren, 1 Handvoll
Brombeeren, ½ l Blütenessig
(siehe Seite 92), ½ Stange Zimt,
1 Minzenblatt, 1 Salbeiblatt,
1 cm Ingwerknolle, 3 Nelken,
1 EL Salbeihonig (siehe Seite 93).

Die Beeren in dem Blütenessig über
Nacht warm stellen. Am nächsten Tag
durch ein Tuch drücken. Den aufgefan-
genen Saft mit den geschnittenen
Kräutern, den Gewürzen und dem Honig 10 Minuten köcheln, abseihen und
in Flaschen füllen.

Hopfen

Humulus lupulus

Standort
Feuchte, nährstoffreiche Gebüschränder und Auwälder.

Ernte
Im März/April sammelt man die jungen, ca. 20 cm langen
Triebe. Am besten merkt man sich einen Platz, an dem
man die Pflanze in vollem Wuchs gesehen hat.

Geschmack
In jungem Zustand ganz leicht bitter, spargelähnlich.

Geundheitlicher Wert
Als Gemüse hat die Pflanze hauptsächlich verdauungsfördernde
Wirkung. Die Hopfenzapfen wirken beruhigend
und schlaffördernd.

Hopfen

Hopfensprossen in Sauce mousseline

6 Handvoll Hopfensprossen,
Salz, 1 TL Essig.
Sauce: 2 Eigelb, 50 ml Wasser,
100 g Butter, 3 EL Weizen-
vollkornmehl, 1 EL Zitronensaft,
Salz, Pfeffer, ⅛ l süße Sahne,
2 EL gehackte Petersilie.

Hopfensprossen in reichlich Salzwasser mit dem Essig ca. 5 Minuten kochen. Herausnehmen und gut abtropfen lassen.
Eigelb mit 1 Eßlöffel kaltem Wasser glattrühren. In einem Topf 50 g Butter bei schwacher Hitze zergehen lassen. Das Vollkornmehl sieben (Kleieanteile für Müsli verwenden), auf die zerlassene Butter stäuben und so lange rühren, bis die Mischung Blasen wirft. Den Topf vom Herd nehmen, das restliche Wasser dazugießen und mit dem Schneebesen schnell schlagen. Den Topf wieder auf den Herd stellen und unter ständigem Rühren zum Kochen bringen, ca. 1 Minute erkalten lassen, dann das verquirlte Ei unterziehen. Auf dem Herd so lange weiterrühren, bis die Sauce andickt; nicht aufkochen lassen. Den Zitronensaft und die restliche, in Stückchen geschnittene Butter hinzufügen und so lange schlagen, bis die Sauce gut gebunden ist. Mit Salz und Pfeffer würzen. Den Topf vom Herd nehmen und die sehr steif geschlagene Sahne schnell mit einem Holzlöffel unterziehen, bis die Sauce glatt ist. Hopfensprossen auf Teller verteilen, mit der Sauce übergießen und mit Petersilie bestreuen.

Hopfensuppe

2 Handvoll Hopfensprossen,
50 g Butter, 1 EL Weizenvollkornmehl,
¼ l süße Sahne, 2 Gemüsebrühewürfel,
Salz, Muskat, 1 EL Petersilie.

Hopfensprossen in ca. 2 cm lange Stücke schneiden. In reichlich Salzwasser ca. 3 Minuten leicht kochen. Herausnehmen – Wasser aufbewahren – gut abtropfen lassen. 30 g Butter erhitzen und die Hopfensprossen darin schwenken. Das Mehl darüberstäuben, umrühren und leicht anbräunen lassen. Die Sahne zugeßen. Mit 1 Liter des Blanchierwassers aufgießen, die Gemüsebrühewürfel dazugeben und mit den Gewürzen abschmecken. Vor dem Servieren die Petersilie darüberstreuen.

Hopfensprossensalat

3 Handvoll Hopfensprossen,
50 g Champignons, fein gewürfelt.
Sauce: 1 Eigelb, 1 TL Senf, ⅛ l Sonnenblumenöl, 1 TL feingehackte Petersilie, Salz, Pfeffer.

Die Hopfensprossen in 1 cm lange Stücke schneiden und in Salzwasser 3–5 Minuten blanchieren, herausheben, erkalten lassen.
Eigelb und Senf glatt verquirlen und unter ständigem Rühren das Öl zugeben. Die Petersilie unterheben, abschmecken. Hopfensprossen und Champignons in die Sauce geben, gut durchmischen, noch ca. 15 Minuten ziehen lassen.

Huflattich
Tussilago farfara

Standort
Häufig auf sickerfeuchtem, lehmigem Boden, an Böschungen,
Wegrändern, auf Äckern und Schuttstellen.

Ernte
Im März pflückt man die Blüten, von April bis Mai/Juni können
die Blätter gesammelt werden.

Geschmack
Die Blätter schmecken mild bis herb.

Gesundheitlicher Wert
Blüten und Blätter sind ein hervorragendes Hustenmittel.

Huflattich

Huflattichröllchen

10 handtellergroße Huflattichblätter.
Füllung: 100 g Vollkornreis, 1 Zwiebel,
1 Knoblauchzehe, 1 EL Zitronensaft,
10 g Pinienkerne, Salz, Pfeffer,
1 EL gehackte Petersilie, 2 EL Olivenöl.

Die Huflattichblätter ca. 2 Minuten in kochendem Wasser blanchieren, herausnehmen und abtropfen lassen. Das Wasser aufbewahren.
Den Reis kochen. Die Zwiebel möglichst klein würfeln. Die Knoblauchzehe durch eine Knoblauchpresse drücken. Reis, Zwiebel, Knoblauch, Zitronensaft und gehackte Pinienkerne mischen und mit den Gewürzen abschmecken. Die Huflattichblätter mit der hellen, behaarten Seite nach oben auf ein Brett legen. Einen gehäuften Teelöffel von der Füllung auf ein Blattende geben. Jeweils Blattende und Blattseiten umschlagen und vom Blattende her einrollen. Die Röllchen dicht nebeneinander in einen flachen Topf in das heiße Öl legen und mit ½ Liter Blanchierwasser übergießen. Den Topf verschließen, bei schwacher Hitze ca. 20 Minuten garen.

Huflattich-Kartoffel-Auflauf

4–6 Handvoll junge Huflattichblätter,
500 g mehligkochende Kartoffeln,
2 Zwiebeln, 30 g Butter, 100 g magerer
Speck, Salz, Pfeffer, 1 TL Kümmel,
1 Eigelb, 0,2 l süße Sahne.

Die Huflattichblätter gründlich waschen. Die Kartoffeln sauber bürsten und mit der Schale in dünne Scheiben schneiden. Die Zwiebeln würfeln. Eine Auflaufform mit der Butter einfetten. Den Boden mit Kartoffelscheiben auslegen. Dann Huflattichblätter, gewürfelte Zwiebel und Speck darauf verteilen. Die Lage mit Salz, Pfeffer und Kümmel würzen. Die nächste Schicht Kartoffelscheiben darauflegen. Dann ebenso wie bei der ersten Lage verfahren. Den Abschluß sollte eine Schicht Kartoffelscheiben bilden. Das Eigelb mit der Sahne verquirlen, über den Auflauf gießen. Im Backofen bei 180 Grad ca. 100 Minuten garen.

Frühlingserwachen

1 Handvoll Huflattichblüten,
1 Handvoll Scharbockskrautblätter,
250 g Quark (20%), 2 EL saure Sahne,
1 EL Hefeflocken, Salz, Pfeffer.

Huflattichblüten und Scharbockskrautblätter klein hacken (einige Blüten aufheben). Quark mit der sauren Sahne, Hefeflocken, Salz und Pfeffer mischen. Die feingehackten Kräuter dazugeben. Mit den restlichen Huflattichblüten verzieren.

Knoblauchsrauke

Alliaria petiolata

Standort

Auf lehmigen, nährstoffreichen Böden, an Waldrändern, Hecken, Zäunen und Schuttplätzen.

Ernte

Von April bis Mai sammelt man die Blätter.

Geschmack

Knoblauchartig, würzig.

Gesundheitlicher Wert

Appetitanregend, verdauungsfördernd.

Knoblauchsrauke

Waldtsatsiki

4 Handvoll Knoblauchsraukenblätter,
0,2 l Joghurt, 0,2 l saure Sahne,
½ Salatgurke, Salz.

Die Knoblauchsraukenblätter waschen und fein hacken. Den Joghurt und die saure Sahne vermischen. Die Salatgurke grob raspeln und mit den Händen das Gurkenwasser herausdrücken. Die Knoblauchsraukenblätter und die Gurkenraspel unter die Sauce mischen und mit Salz abschmecken.

Kürbisgemüse

2 Äpfel, 2 Zwiebeln, 1 Handvoll
Knoblauchraukenblätter oder
Bärlauchblätter, 1 Knoblauchzehe,
4 Handvoll Kürbis (auch eingekochte),
1 cm Ingwerknolle, etwas Speck,
2 EL Blütenessig (siehe Seite 92),
1 Gemüsebrühewürfel, etwas Salz
und Pfeffer, 1 EL Salbeihonig
(siehe Seite 93), Blütenblätter von
4 Ringelblumenblüten, Minzensahne
(siehe Seite 65).

Die Äpfel waschen, Kernhaus entfernen, grob würfeln. Zwiebeln und Kürbis würfeln, den Ingwer fein raspeln. Speckwürfel anbraten. Das zerkleinerte Gemüse und Obst darin andünsten, mit etwas Wasser, dem Blütenessig und dem Gemüsebrühewürfel, Salz und Pfeffer weich dünsten, mit Salbeihonig abschmecken. Die Ringelblütenblätter untermischen, in Teller füllen. Auf jeden Teller 1 Eßlöffel Minzensahne zugeben.

Quiche lorraine mit Wildkräutern

Teig: 200 g Weizenvollkornmehl,
1 TL Backpulver, 1 Prise Salz,
80 g Butter, 3 EL Milch.
Belag: 3 Handvoll Knoblauchsrauken-
blätter, 1 Handvoll Bärlauchblätter,
100 g magerer Speck, 3 Eier,
0,2 l süße Sahne, Pfeffer,
125 g Emmentaler.

Das Mehl mit dem Backpulver und dem Salz verrühren. Die weiche Butter stückchenweise zugeben. Den Teig mit den Händen verkneten, nach und nach die Milch zugeben, bis ein geschmeidiger Teig entstanden ist. Zugedeckt 1 Stunde im Kühlschrank ruhen lassen. Die Wildkräuter waschen und klein hacken. Den Speck in Würfel schneiden. Die Eier mit der Sahne und dem Pfeffer verquirlen. Den Käse raspeln. Die Eier-Sahne-Masse mit den Kräutern, dem Speck und dem Käse vermischen. Den Teig ausrollen, Boden und Rand einer gefetteten Springform damit auslegen. Den Boden mit einer Gabel mehrmals einstechen. Die Eimasse auf den Teigboden gießen. Im Backofen bei 180 Grad ca. 30 Minuten backen. Die Quiche heiß servieren.

Löwenzahn

Taraxacum officinale

Standort

Häufig auf Wiesen, Weiden, an Wegrändern und Äckern.
Löwenzahn ist stickstoffliebend. Wiesen, die gelb von
Löwenzahn sind, deuten auf Überdüngung hin.

Ernte

Von April bis Mai die jungen Blätter, später werden die Blätter
bitter. Die Wurzeln von Mai bis Juni. Die jungen
Blütenknospen im April, die aufgeblühten Blüten bis Mitte Mai.

Geschmack

Mild-bitter bis herb.

Gesundheitlicher Wert

Stoffwechselanregend, beeinflußt die Gallesekretion,
leicht harntreibend.

Löwenzahn

Löwenzahnwurzelgemüse

4–5 Löwenzahnwurzeln, 1 Zwiebel,
3 EL Beifußöl (siehe Seite 90),
Blütenblätter von
3 Ringelblumenblüten.

Die Löwenzahnwurzeln waschen, schrappen und in Stücke schneiden. Die Zwiebel würfeln. Wurzelstücke und Zwiebelwürfel im Beifußöl weich dünsten. Mit Ringenblumenblütenblättern überstreuen, zu Pellkartoffeln reichen.

Abwandlungen Mit 1 Likörglas Angelikawein (siehe Seite 90), 1 gehackten und gebratenen Zwiebel und 1 verrührten Eigelb zum Sämigmachen erreicht man eine würzigere Variante des Wurzelgemüses.
Das Wurzelgemüse, mit der folgenden Löwenzahnblättersahne vermischt, ergibt eine gute Sauce.

Löwenzahnknospen- gemüse

4 Handvoll Löwenzahnknospen – die
Knospen sollten noch fest geschlossen
sein –, 50 g Butterschmalz, 1 Zwiebel,
Salz, Pfeffer, Muskatnuß.

Die Knospen kurz waschen. In einem Topf das Butterschmalz erhitzen und die kleingewürfelte Zwiebel glasig dünsten. Die Löwenzahnknospen dazugeben und unter gelegentlichen Umrühren ca. 5 Minuten dünsten. Das Gemüse mit Salz, Pfeffer und einer Prise geriebener Muskatnuß würzen.

Löwenzahnblättersahne

Die zarten Blätter von
4–5 Löwenzahnwurzeln,
¼ l saure Sahne.

Die Blätter waschen, gut abtropfen. Mit der sauren Sahne im Mixer fein pürieren. Diese Löwenzahnblättersahne schmeckt ohne weitere Zutaten sehr gut zu Pellkartoffeln und Löwenzahnwurzelgemüse.

Abwandlung Diese Blättersahne mit dem Löwenzahnwurzelgemüse vermischen und mit etwas Angelikawein (siehe Seite 90) anreichern. Über milder Hitze mit 2 gehäuteten Tomaten und einigen Käseresten zu einem Gemüse erwärmen, in eine Schüssel geben und mit Lindenblüten- oder Holunderblütenpulver und den Blütenblättern von 2 Ringelblumenblüten überstreuen. Dazu Pellkartoffeln und ein Schälchen mit Angelikawürze.

Löwenzahnhonig

2 Handvoll Löwenzahnblüten,
500 g Honig, 2 Nelken,
1 Zimtstange.

Die Blüten möglichst von den grünen Hüllblättern befreien, da diese bitter schmecken. Die Blüten in ein Einmachglas geben, den Honig darübergießen, die Gewürze dazugeben und alles an einem warmen Platz etwa 2–3 Wochen stehen lassen. Anschließend durch ein Sieb abfiltern.

Pikanter Löwenzahnsalat

Foto

*4 Handvoll Löwenzahnblätter,
3 EL Sonnenblumenöl, 1 EL Obstessig,
1 Zwiebel, 1 Knoblauchzehe, Salz,
Pfeffer, 20 g Sonnenblumenkerne,
2 Scheiben Weizenvollkornbrot.*

Die Löwenzahnblätter waschen und in feine Streifen schneiden. Das Öl, den Essig, die gewürfelte Zwiebel, die zerdrückte Knoblauchzehe, Salz und Pfeffer zu einer Salatsauce verrühren. Die Löwenzahnblätter und Sonnenblumenkerne dazugeben, durchmischen und 10 Minuten ziehen lassen.

In der Zwischenzeit das Brot würfeln und in einer Pfanne knusprig anbräunen. Über den Salat geben und sofort servieren.

Löwenzahnsuppe

*4–5 Löwenzahnwurzeln mit ihren
Blättern, 2 große Kartoffeln,
1 EL Butter, ½ l Gemüsebrühe,
1 Eigelb, 2 EL saure Sahne,
Blütenblätter von 4 Löwenzahnblüten,
2 EL Himbeeren.*

Die Löwenzahnwurzeln waschen, schrappen und zerkleinern, die Blätter waschen und ebenfalls zerkleinern. Die Kartoffeln waschen, bürsten, nicht schälen, in grobe Würfel schneiden. Die zerkleinerten Wurzeln, Blätter und Kartoffeln in Butter andünsten, mit Gemüsebrühe auffüllen, gar köcheln, evtl. noch etwas mehr Gemüsebrühe zugeben, mit Eigelb und Sahne legieren. Mit den Blütenblättern und Himbeeren überstreuen.

Minze, Wasser-Minze, Acker-Minze

Mentha aquatica und Mentha arvensis

Standort
Wasserminze: auf sumpfigen Wiesen, an Bachufern, Gräben und Teichen. Ackerminze: an Feldrainen und auf Äckern.

Ernte
Von April bis September kann man die Blätter pflücken.

Geschmack
Typisch, etwas herber als die Kultursorten.

Gesundheitlicher Wert
Verdauungsfördernd und galletreibend.

Besonderes
Die im Garten angebauten Kultursorten – für die Rezepte geeignet – sind eine Züchtung aus verschiedenen Wildformen.

Minze

Erfrischungs-trank   Foto

*1 Handvoll getrocknete·
Hibiscusblüten oder auch
Teebeutel, ½ Handvoll
Pfefferminzenblättchen,
Honig, Zitronenscheiben
(unbehandelt).*

Aus den Hibiscusblüten zusammen mit einigen Min-
zenblättern einen starken
Tee kochen. Mit Honig
abschmecken. Minze ent-
fernen und den Tee abküh-
len lassen. Mit Eiswürfeln,
Zitronenscheibe und fri-
schen Minzenblättern ser-
vieren.

Minzenquark

*200 g Quark (20%),
3 EL Joghurt, 1 EL Honig,
½ Vanilleschote,
0,1 l Schlagsahne,
½ Handvoll Minzenblätter.*

Den Quark mit dem Jo-
ghurt und dem Honig ver-
rühren. Das Vanillemark
aus der Schote kratzen und
zusammen mit der steifge-
schlagenen Sahne unter
den Quark heben. Die Min-
ze gründlich waschen,
ganz fein hacken und an
den Sahnequark geben.
Mit einigen Minzenblätt-
chen dekorieren.

Minze

Minzensauce

1 Handvoll frische Minzenblätter,
1 säuerlicher Apfel, 1 EL Blütenessig
(siehe Seite 92), 1 EL Salbeihonig
(siehe Seite 93), 3 Tropfen
Angelikatinktur (siehe Seite 90),
süße Sahne, Minzenpulver.

Die Minzenblätter waschen, gut abtropfen lassen, klein zupfen. Den Apfel waschen, nicht schälen, Kernhaus entfernen, fein schneiden. Minze und Apfel
mit dem Blütenessig und wenig Wasser
aufkochen, 5 Minuten ziehen lassen.
Mit dem Salbeihonig, der Angelikatinktur und süßer Sahne vermischen,
nach Geschmack würzen, mit Minzenpulver überstreuen. Kalt oder warm
servieren.

Abwandlung Mit einer Handvoll
zerdrückter Aprikosen und einer zer-
quetschten Banane schmeckt dieser
Minzen-Dip gut zu Melonen, Obst- und
Kartoffelsalaten.

Minzensahne

3 frische Minzenblätter,
¼ l saure Sahne, 3 Tropfen
Angelikablütentinktur
(siehe Seite 90).

Die Minzenblätter waschen, gut trok-
ken schwenken und sehr klein hacken.
Die saure Sahne mit der Minze und der
Angelikablütentinktur vermischen. Zu
herbstlichen warmen Gemüsen oder
Eintopf reichen.

Spätsommersalat

1 kleiner Weißkohl, 1 Oberkohlrabi,
1 Rote Bete, einige junge Möhren,
1 Zwiebel, ¼ l saure Sahne,
1 EL Salbeihonig (siehe Seite 93),
2 EL oder etwas mehr Fenchelessig,
Blütenblätter von 4 Ringelblumen,
1 Handvoll Borretschblüten,
1 Teilchen von 1 Angelikablüte,
1 Minzenblatt, 4 Melissenblätter.

Den Weißkohl putzen, waschen und
fein hobeln. Den Oberkohlrabi waschen, vorsichtig schälen und fein
schneiden. Die Rote Bete waschen,
putzen und klein würfeln, ebenso die
Möhren und die geschälte Zwiebel.
Aus Sahne, Salbeihonig und Fenchelessig eine Sauce bereiten. Die vorbe-
reiteten Gemüse unterheben. Mit den
ungewaschenen Blüten sowie mit den
gewaschenen, feingeschnittenen Blatt-
kräutern würzen.

Abwandlung Die gleichen Kräuter
können mit 1 Sellerieknolle, 3 Äpfeln,
Saft von 2 Zitronen und ¼ l süßer Sahne zu einem sehr erfrischenden Salat
zubereitet werden.

Sauerampfer, Wiesen-Sauerampfer

Rumex acetosa

Standort

Auf kalkarmen, feuchten, nährstoffreichen Böden. In Wiesen, Weiden, an Ufern und Wegen.

Ernte

Von April bis September können die jungen, zarten Blätter gesammelt werden.

Geschmack

Angenehm säuerlich.

Gesundheitlicher Wert

Appetitanregend und reich an Mineralien. Wegen des hohen Oxalgehaltes sollte er allerdings roh nicht in größeren Mengen von Kindern gegessen werden. Auch bei Gicht, Rheuma und Nierenleiden ist er zu meiden.

Sauerampfer

Bitter-saures Wiesengemüse

4 Handvoll Sauerampferblätter,
4 Handvoll Löwenzahnblätter,
30 g Butter, 1 Zwiebel,
Salz, Pfeffer,
1 Prise Muskatnuß,
30 g Semmelbrösel.

Die Sauerampfer- und Löwenzahnblätter waschen. Löwenzahnblätter in Salzwasser 2–3 Minuten blanchieren, herausnehmen und gut abtropfen lassen. Löwenzahnblätter und Sauerampferblätter klein hacken. Die Butter in einem Topf erhitzen und die gewürfelte Zwiebel glasig dünsten. Zuerst die Löwenzahnblätter in den Topf geben. Wenn die Blätter fast weich sind, die Sauerampferblätter dazugeben. Nach 5 Minuten ist das Gemüse weich. Mit den Gewürzen abschmecken und mit gerösteten Semmelbröseln garnieren.

Sauerampfergemüse

8 Handvoll Sauerampferblätter,
50 g magerer Speck, 1 Kopf grüner
Salat, 1 Zwiebel, 2 Knoblauchzehen,
2 Eier, 2 EL süße Sahne.

Den Sauerampfer waschen, entstielen und klein hacken. Den Speck in Würfel schneiden und in einem Schmortopf hellbraun rösten. Den Kopfsalat ebenfalls waschen und klein hacken. Sauerampferblätter, Kopfsalat, gewürfelte Zwiebel und zerdrückten Knoblauch in den Schmortopf geben. Das Gemüse zugedeckt bei schwacher Hitze etwa

45 Minuten garen lassen. Bei Bedarf etwas Gemüsebrühe zugeben. Die Eier mit der Sahne verquirlen und unter das Gemüse heben. Noch 5 Minuten ziehen lassen.

Abwandlung Das Gemüse kann man auch aus Brennesselblättern oder Wiesenknöterichblättern zubereiten.

Sauerampfersuppe

4 Handvoll Sauerampferblätter,
30 g Butter, 1 l Wasser,
2 Gemüsebrühewürfel, Salz, Pfeffer,
0,2 l süße Sahne, 1 Eigelb,
4 Scheiben Weizenvollkornbrot,
30 g mittelalter Gouda.

Die Sauerampferblätter waschen, von den Stielen befreien und klein hacken. Die Butter in einem Topf erhitzen, die Sauerampferblätter dazugeben und kurz dünsten. Mit dem Wasser aufgießen, Gemüsebrühewürfel hineingeben und ca. 15 Minuten leicht kochen lassen. Mit Salz und Pfeffer abschmecken. Die Sahne mit dem Eigelb verquirlen, unter die Suppe rühren und kurz erhitzen. Die Brotscheiben in einer Pfanne knusprig braun rösten.
Die Suppe in 4 Suppenschüsselchen verteilen, die Brotscheiben darauflegen und mit dem geraspelten Käse bestreuen. Im Backofen überbacken.

Sauerampfer-Spinat-Salat

*2 Handvoll Sauerampferblätter,
4 Handvoll Spinat, 0,2 l saure Sahne,
2 EL süße Sahne, 1 kleine
Knoblauchzehe, 1 Messerspitze Curry,
Salz, Pfeffer, 1 EL Gomasio (geröstetes
Sesamsalz).*

Sauerampferblätter und Spinat entstielen, gründlich waschen und grob zerpflücken. Die saure und süße Sahne vermischen. Knoblauchzehe zerdrükken und zusammen mit den Gewürzen zu der Sahne geben. Den Salat portionsweise auf kleinen Tellern verteilen und mit der Sauce übergießen. Mit Gomasio bestreuen.

Schlehe, Schwarzdorn

Prunus spinosa

Standort
Bevorzugt an nährstoffreichen, warmen Böschungen, Rainen, auf Trockenrasen und an sonnigen Waldrändern.

Ernte
Im April sammelt man die Blüten, von Mitte September bis Dezember werden die Früchte gesammelt – möglichst nach den ersten Nachtfrösten.

Geschmack
Die Blüten haben einen milden, süßlichen Geschmack, die Beeren schmecken frisch, säuerlich, zusammenziehend.

Gesundheitlicher Wert
Die Blüten haben eine leicht abführende Wirkung, die Beeren wirken appetitanregend und abwehrsteigernd.

Schlehe

Schlehenblütensalat

1 Apfelsine, Saft einer Zitrone,
½ EL Salbeihonig (siehe Seite 93),
1 EL geraspelte Mandeln,
3 Handvoll Schlehenblüten.

Die Apfelsine schälen, filetieren und in Würfel schneiden. Mit Zitronensaft, Salbeihonig und den geraspelten Mandeln vermischen. Zum Schluß die ungewaschenen Schlehenblüten unterheben.

Abwandlung Hagebutten-Dip (siehe Seite 43) statt Salbeihonig unterstreicht zusätzlich den Schlehenblütengeschmack.

Schlehen-Birnen-Mus

500 g Schlehen, 500 g Birnen,
0,5 l Wasser, 4 TL Agar-Agar,
400 g brauner Zucker.

Die Schlehen waschen und zusammen mit den geviertelten Birnen in dem Wasser zu Mus kochen. Die Früchte durch ein Sieb passieren, das Mus erkalten lassen. Agar-Agar unter das erkaltete Mus rühren, nochmals kurz erhitzen, aber nicht kochen lassen. Den Zucker zugeben und dann noch 5 Minuten bei schwacher Hitze auf der Herdplatte stehen lassen. Gelegentlich umrühren. Das heiße Mus in saubere Marmeladengläser füllen und kühl lagern. Nach dem Öffnen muß man das Schlehen-Birnen-Mus im Kühlschrank aufheben.

Schlehenpunsch

1 l Schlehensaft, brauner Zucker
nach Geschmack, 0,7 l Rotwein,
1 unbehandelte Orange,
1 Zimtstange, 4 Gewürznelken,
2 Sternanis, 3 Schnapsgläser Rum.

Schlehensaft, Zucker und Rotwein mit der in Scheiben geschnittenen Orange und den Gewürzen langsam erhitzen. Nicht kochen lassen. Zum Schluß den Rum zugeben. Fertig ist der gefährlich gut schmeckende Schlehenpunsch für die kalten Tage.

Schlehenlikör

300 g Schlehen, 0,7 l klarer Schnaps
(38%), 1 Zimtstange,
1 Vanilleschote, 3 Gewürznelken,
1 Handvoll ungeschwefelte Rosinen,
100 g brauner Kandiszucker.

Die Schlehen mit einer Nadel anstechen. Dann in ein Einmachglas füllen und mit dem Schnaps übergießen. Die Zimtstange, die aufgeschlitzte Vanilleschote, die Gewürznelken, die gewaschenen Rosinen und den Kandiszucker zugeben. An einem warmen, dunklen Platz ca. 2 Monate ziehen lassen, ab und zu durchschütteln. Nach zwei Monaten durch einen Kaffeefilter oder ein Leinentuch abfiltern.

Hinweis Dieser köstliche, dunkelrote Likör, in eine schöne Flasche gefüllt, gibt ein nettes kleines Weihnachtsgeschenk für liebe Freunde und Verwandte.

Schlehe

Heckenfeuer

*300 g Schlehen, 0,7 l Obstler (40%),
Schale einer unbehandelten Orange,
2 Sternanis, 1 Zimtstange.*

Die Schlehen im Backofen antrock-
nen. In einem Mörser grob zerstoßen,
so daß die Kerne aufspringen. Die
Schlehen in ein Glasgefäß, z.B. Gur-
ken- oder Einmachglas, füllen und mit
dem Obstler übergießen. Die Orange
dünn abschälen und die Schale zusammen mit den Gewürzen in das Gefäß
geben. Den Ansatz an einem warmen,
dunklen Ort zwei Monate ziehen lassen. Gelegentlich durchschütteln, dann
abfiltern.

Allgemeiner Sammelhinweis
Die Schlehen pflückt man am besten nach den ersten Nachtfrösten,
da sie danach nicht mehr so herb
zusammenziehend schmecken. Wer
nicht so lange warten möchte, kann
die Früchte auch über Nacht ins Gefrierfach legen.

Spitzwegerich
Plantago lanceolata

Standort
Auf tiefgründigen, sandigen bis lehmigen Böden, auf Wiesen,
Weiden, an Wegrändern und in Parkrasen.

Ernte
Von April bis Juni sammelt man die jungen, zarten Blätter.

Geschmack
Leicht herb.

Gesundheitlicher Wert
Appetitanregend, krampflösend, leicht harntreibend.
Als Tee Bestandteil von Hustenmischungen. Äußerlich wurde
das frisch zerquetschte Kraut in der Volksmedizin bei
Wunden und Insektenstichen aufgelegt.

Spitzwegerich

Spitzwegerichsuppe

2 EL Öl, 2 Zwiebeln, ca. 1 l Wasser,
1 Lorbeerblatt, 2 Gemüsebrühewürfel,
2 gekochte Kartoffeln,
4 Handvoll Spitzwegerichblätter,
1 Knoblauchzehe, Salz, Pfeffer,
Muskatnuß.

Das Öl erhitzen und die kleingeschnittenen Zwiebeln glasig dünsten. Das Wasser, Lorbeerblatt und die Gemüsebrühewürfel dazugeben. Die gekochten Kartoffeln zerdrücken und mit den streifig geschnittenen Spitzwegerichblättern ins kochende Wasser geben. Noch ca. 10 Minuten leicht köcheln lassen. Vom Herd nehmen, die zerdrückte Knoblauchzehe unterrühren und mit Salz, Pfeffer und Muskatnuß abschmecken.

Warme Grüne Sauce

¼ l Weißwein, ¼ l Gemüsebrühe,
2 EL Blütenöl (siehe Seite 92),
Blätter von 6 Brennesseln,
6 Spitzwegerichblätter, einige Malven-,
Sauerampfer- und Gierschblätter,
1 Beinwellblatt, 1 Minzenblatt,
etwas Salz und Pfeffer, 1 Eigelb,
⅛ l saure Sahne.

Die Weißwein-Gemüsebrühemischung zur Hälfte eindampfen lassen. Die gewaschenen und zerschnittenen Kräuter zufügen, 10 Minuten köcheln, mit Salz und Pfeffer abschmecken. Eigelb mit der Sahne verrühren und die Sauce damit legieren. Diese Sauce zu Kartoffeln, Knödeln und Reis reichen.

Spitzwegerichsalat

4 Handvoll Spitzwegerichblätter,
3 EL Sonnenblumenöl, 1 EL Obstessig,
1 TL Honig, Salz, Pfeffer, 1 Apfel,
20 g Haselnüsse, grob geraspelt.

Die Spitzwegerichblätter waschen und in feine Streifen schneiden. Aus Öl, Essig, Honig, Salz und Pfeffer eine Sauce mischen. Den Apfel vierteln, entkernen und in kleine Stücke schneiden. Spitzwegerichblätter und Apfelstücke in die Sauce geben, gut vermischen und mit den Haselnüssen bestreuen.

Wiesensuppe

4 Handvoll Malvenblätter, Blüten und
die grünen Samenstände (»Käschen«),
2 große Kartoffeln, Gemüsebrühe,
2 Zwiebeln, 1 Apfel, 1 EL Butter,
etwas Salz und grüner Pfeffer,
frisch gemahlen, ½ TL Angelikawürze
(siehe Seite 90), Holunderblütenpulver,
4 Spitzwegerichblätter.

Die Malvenblätter, Blüten und Käschen waschen und fein schneiden, mit den gewürfelten Kartoffeln in Gemüsebrühe weich köcheln. Zwiebeln klein schneiden. Den Apfel entkernen, ungeschält in Würfel schneiden. Die Butter in der Pfanne erhitzen, Zwiebel und Apfel zufügen und schmoren lassen. Mit Salz, Pfeffer und Angelikawürze abschmecken, mit Holunderblütenpulver überstreuen und dann in den Topf zur Wiesensuppe geben. Mit frisch geschnittenen Spitzwegerichblättern servieren.

Weiße Taubnessel

Lamium album

Standort

Auf nährstoffreichen, lockeren Böden, an Zäunen, Wegrändern, Mauern, Gräben und Feldrändern. Stickstoffanzeiger.

Ernte

Von April bis September können die Blüten und die zarten Blätter und Triebspitzen gepflückt werden.

Geschmack

Die Blüten schmecken süßlich, die Blätter mild, spinatähnlich.

Gesundheitlicher Wert

Die Blüten finden Verwendung in Hustentees und als Spülmittel bei Weißfluß (Fluor albus).

Taubnessel

und Knoblauch in 40 g Butter 5 Minuten dünsten. Den Topf von der Herdplatte nehmen, den Ricotta, das Ei und 3 Eßlöffel Mehl zugeben. Würzen und alles gut vermischen. Sollte diese Masse noch zu flüssig sein, so kann man noch etwas Mehl oder auch Haferflocken zugeben.

Aus der Mischung kleine Klöße formen. In einem großen Topf leicht gesalzenes Wasser erhitzen, bis es gerade siedet. Die Klößchen mit einem Schaumlöffel einlegen. Wenn sie nach ca. 5–8 Minuten an die Oberfläche steigen, mit dem Schaumlöffel herausnehmen und heiß stellen. Vor dem Servieren die restliche Butter zerlassen und über die Klößchen gießen. Mit dem geriebenen Parmesan bestreuen.

Grüne Klößchen

8 Handvoll Taubnesselblätter,
1 Zwiebel, 1 Knoblauchzehe,
60 g Butter, 100 g Ricotta (ersatzweise
Quark 20 %), 1 Ei,
80 g Weizenvollkornmehl,
Salz, Pfeffer, Brecht's Pikata,
30 g geriebener Parmesankäse.

Die Taubnesselblätter in reichlich Wasser ca. 2 Minuten blanchieren, dann auf ein Sieb schütten und abtropfen lassen. Die Blätter ausdrücken und klein hakken. Die Zwiebel fein hacken und die Knoblauchzehe durch eine Knoblauchpresse drücken. Blätter, Zwiebel

Abwandlung Statt der Taubnesselblätter kann man auch Brennessel-, Giersch-, Wiesenknöterich- und Meldenblätter verwenden. Auch Spinat oder eine Mischung aus Spinat und Wildkräutern eignet sich.

Taubnessel

Wildkräuterpizza

Teig: 200 g Weizenvollkornmehl,
2 EL Öl, ½ Becher Schmant
oder saure Sahne,
5 frische Salbeiblätter
oder ½ TL getrockneter Salbei,
½ TL Salz.
Belag: 4 Handvoll Taubnesselblätter,
2 Handvoll Knoblauchsraukenblätter,
1 Handvoll Dost (frische Triebspitzen),
2 EL Olivenöl, Salz, Pfeffer,
1–2 Tomaten, 100 g Mozzarella oder
junger Gouda.

Das Mehl mit dem Öl und dem
Schmant verkneten. Die Salbeiblätter
klein hacken und zusammen mit dem
Salz unter den Teig kneten.
Die Kräuter klein hacken und in dem
Olivenöl kurz dünsten, mit Salz und
Pfeffer abschmecken. Den Teig auf einen gefetteten Springformboden oder
Backblech ausrollen. Einen kleinen
Rand hochdrücken, mit der Gabel
mehrmals einstechen und 10 Minuten
bei 180 Grad vorbacken. Anschließend die Kräutermischung auf den
Teig geben. Die Tomaten in Scheiben
schneiden und auf der Pizza verteilen.
Den geraspelten Käse darüberstreuen
bzw. den Mozzarella in Scheiben dar-
überlegen und im vorgeheizten Backofen auf der unteren Schiene bei
220 Grad ca. 30 Minuten backen.

Abwandlung Als Belag eignen sich
auch Brennesseln, Giersch, Melden,
Knöterich u. a.
Einige Knoblauchscheibchen intensi-
vieren den Geschmack.

Taubnesselsauce

¼ l Milch, 1 EL Honig,
1 TL Lindenblütenpulver,
1 Handvoll Taubnesselblüten und
einige zarte Taubnesselblätter,
1 EL Mehl, etwas Blütenessig
(siehe Seite 92), 1 Eigelb,
1 cm Vanillenmark,
2 EL zerkleinerte Haselnüsse.

Milch mit Honig und Lindenblütenpulver langsam erhitzen. Die Taubnesselblüten und zerschnittenen Blättchen
hinzugeben und leise köcheln. Das
Mehl in Blütenessig anrühren und die
Nesselmilch damit andicken, mit ver-
quirltem Eigelb legieren. Mit Vanille
abschmecken und mit gerösteten Haselnüssen überstreuen.

Weiß-blauer Blütenquark

250 g Quark (20 %), 3 EL Ahornsirup
oder Honig, 2 EL Milch, ¼ l Sahne,
1 Handvoll Taubnesselblüten,
1 Handvoll Veilchenblüten.

Den Quark mit dem Ahornsirup oder
Honig und der Milch vermischen. Die
Sahne steif schlagen und unter den
Quark heben. Die Blüten in die Quark-
Sahne-Mischung geben. Mit einigen
Blüten den Quark dekorieren.

Thymian,
Sand-Thymian

Thymus serpyllum

Standort

Auf steinigen, trockenen, basenreichen Böden.
Auf Magerwiesen, Trockenrasen, an Feldern und Mauern
und auf Ameisenhaufen.

Ernte

Von Mai bis September können die Triebspitzen (auch mit Blüte)
gesammelt werden.

Geschmack

Herb, aromatisch.

Gesundheitlicher Wert

Appetitanregend, magenstärkend, verdauungsfördernd.
Als Heiltee auch hilfreich bei Krampfhusten.

Kräuternudeln mit Spinat

Foto

500 g Spinat, 1 Zitrone,
300 g Vollkornudeln, Salz,
3 EL Olivenöl, 500 g Tomaten,
1 Handvoll Thymian,
100 g magerer Speck,
1 Knoblauchzehe, Pfeffer.

Spinat verlesen, waschen und tropfnaß in einen Topf geben. Im geschlossenen Topf ca. 8 Minuten dünsten, abtropfen lassen und grob hacken. Den gehackten Spinat mit Zitronensaft beträufeln. Nudeln in reichlich Salzwasser mit 1 Eßlöffel Öl in etwa 8 Minuten bißfest kochen. Inzwischen die Tomaten mit kochendem Wasser übergießen, Haut abziehen, entkernen und würfeln. Thymianblätter von den Stengeln streifen. Den Speck würfeln und in dem restlichen Öl anbraten. Tomaten, Thymian und zerdrückte Knoblauchzehe zufügen und kurz dünsten. Mit den abgetropften Nudeln und dem Spinat vermischen. Mit Salz und Pfeffer würzen und sofort heiß servieren.

Abwandlung Statt des Spinats kann man auch Brennessel- oder Wiesenknöterichblätter verwenden.

Thymianessig

1 kleines Sträußchen blühender
Thymian, 0,7 l Obstessig.

Den Thymian in eine Glasflasche geben, mit dem Obstessig übergießen und 14 Tage an einem warmen Platz ziehen lassen. Danach durch ein Tuch abfiltern. Mit dem Essig kann man Salatsaucen würzen.

Schalotten in Kräutersud

1 kg Schalotten, 1 Handvoll Thymian,
2 Möhren, 4 EL Olivenöl, 1 Zitrone,
1/8 l Weißwein (Riesling),
2 Lorbeerblätter, Salz, Pfeffer,
1 Tomate.

Schalotten mit kochendem Wasser übergießen, kurz stehen lassen und die Schale abziehen. Thymianblätter von den Stengeln streifen. Möhren abschaben, in kleine Würfel schneiden und in dem heißen Öl 5 Minuten dünsten. Die Zitrone auspressen. Die Schalotten, den Zitronensaft, Wein, Lorbeerblätter, Salz, Pfeffer, Thymian und etwas Wasser zu den Möhren geben. Im geschlossenen Topf 20 Minuten garen. Die Tomate mit heißem Wasser übergießen, die Haut abziehen, entkernen und klein schneiden. Unter die Schalotten heben. Dieses Gericht kann heiß zu Hirse, aber auch kalt zu geröstetem Knoblauchbrot gegessen werden.

Kürbiseintopf

500 g Kürbis,
3 EL Weizenvollkornmehl,
3 EL Sonnenblumenöl, 100 g magerer
Speck, 1 Knoblauchzehe,
1 Bund Petersilie, 1 Handvoll Thymian,
Salz, Pfeffer, 1 Lorbeerblatt,
1 Tasse Wasser, 1 EL Obstessig.

Den Kürbis von den Kernen befreien, schälen und in Würfeln schneiden. Die Kürbisstücke in dem Mehl wenden. Das Öl in einem schweren Topf erhitzen. Den Speck würfeln und kurz anbräunen. Die Kürbisstücke dazugeben und bei schwacher Hitze dünsten. Den Knoblauch zerdrücken, die Petersilie hacken und die Thymianblätter von den Stengeln streifen. Alles in den Topf geben und mit Salz, Pfeffer und dem Lorbeerblatt würzen. Nach und nach das Wasser dazugeben. Den Topf halb zudecken und den Kürbis so lange dünsten, bis er weich und die Sauce ziemlich dick ist. Kurz vor dem Servieren den Essig zugeben.

Vogelmiere

Stellaria media

Standort

Mit Vorliebe in der Nähe menschlicher Siedlungen, auf nährstoffreichen Böden, in Gärten, an Zäunen, Gebüschen, Gräben und Äckern.

Ernte

Die jungen, zarten Triebspitzen können das ganze Jahr gesammelt werden.

Geschmack

Leicht nußartig.

Gesundheitlicher Wert

Reich an Vitaminen und Mineralien.

Vogelmierensalat   Foto

3 Handvoll Vogelmiere,
3 EL Sonnenblumenöl, 1 EL Obstessig,
Salz, Pfeffer, 1 Tomate.

Die Vogelmiere gründlich waschen und grob zerpflücken. Aus Öl, Essig und den Gewürzen eine Salatsauce bereiten. Die Vogelmiere unter die Sauce heben und mit der geviertelten Tomate garnieren.

Vogelmierensuppe

3 Handvoll Vogelmiere, 20 g Butter,
1 Zwiebel, 30 g Vollkornmehl,
1 l Gemüsebrühe, 2 EL süße Sahne,
1 Scheibe Vollkornbrot.

Die Vogelmiere waschen und fein wiegen. Die Butter in einem Topf erhitzen, die gewürfelte Zwiebel darin glasig dünsten, mit dem Mehl bestäuben und leicht anbräunen lassen. Die Vogelmiere zugeben, durchrühren und mit der Gemüsebrühe aufgießen. Die Suppe ca. 5 Minuten kochen. Zum Schluß mit der süßen Sahne verfeinern. Vor dem Servieren mit dem in Würfel geschnittenen, gerösteten Vollkornbrot bestreuen.

Vogelmierensauce

2 Handvoll Vogelmiere, 0,4 l saure
Sahne, 1 EL Sonnenblumenöl, Salz,
Pfeffer, 1 TL Brecht's Delikata.

Die Vogelmiere gründlich waschen und klein hacken. Aus der sauren Sahne, dem Öl und den Gewürzen eine Sauce zubereiten. Die kleingehackte Vogelmiere dazugeben und durchrühren. Diese Sauce kann man zu Brot oder Pellkartoffeln essen.

Waldmeister

Galium odoratum

Standort
Auf lehmigen, leicht feuchten, mullreichen Böden,
in Laubmischwäldern, vor allem aber
in Rotbuchen-Wäldern.

Ernte
Von Ende April bis Mitte Mai sammelt man
das nichtblühende Kraut.

Geschmack
Typisch, aromatisch.

Gesundheitlicher Wert
Wegen des Cumaringehalts nicht ganz unbedenklich. Erzeugt in
größeren Mengen Kopfschmerzen, Übelkeit, Benommenheit.
Bei Verwendung wie im Rezept aber unbedenklich.

Maibowle

1 Sträußchen Waldmeister,
1 l trockener Weißwein,
1 l Roséwein
½ unbehandelte Orange,
1 Flasche Sekt.

Den Waldmeister kurz waschen und möglichst einige Stunden anwelken lassen. Hierdurch entwickelt er erst sein volles Aroma. Den gut gekühlten Weißwein in ein Bowlengefäß gießen. Das Sträußchen Waldmeister an einem Faden ins Gefäß hängen, aber so, daß die Schnittstellen an den Stengeln nicht vom Wein bedeckt sind. Den Waldmeister 20–30 Minuten ziehen lassen. Die halbe Orange in dünne Scheiben schneiden und in die Bowle geben, ca. 15 Minuten ziehen lassen. Vor dem Servieren beides herausnehmen und mit dem gekühlten Sekt aufgießen.

Weißdorn

Crataegus monogyna und Crataegus oxyacantha

Standort
Auf trockenen, lockeren Ton- und Lehmböden, an Waldrändern,
in Gebüschen und Hecken.

Ernte
Von Ende April bis Ende Mai können die jungen Blätter
und Blüten gepflückt werden.

Geschmack
Leicht herb.

Gesundheitlicher Wert
Die Blüten und Blätter sind ein hervorragendes Mittel
bei Altersherzbeschwerden.

Weißdorn

Weißdorngemüse

*3 Handvoll Weißdornknospen und
junge Blätter, Blätter einer
Knoblauchsrauke, einige Malven-,
Brennessel- und Spitzwegerichblätter,
1 EL Butter, 1 TL Salbeihonig
(siehe Seite 93), wenig Blütenessig
(siehe Seite 92), 1 EL süße Sahne.*

Die Kräuter waschen, gut abtropfen
und fein schneiden. In einem Topf in
der erhitzten Butter dünsten. Mit Salbeihonig, Blütenessig und süßer Sahne abschmecken.

Heckensalat

*4 Handvoll ganz junge,
zarte Weißdornblätter,
3 EL Sonnenblumenöl, 1 EL Obstessig,
1 TL Honig, Salz, Pfeffer, 1 Apfel,
20 g Sonnenblumenkerne.*

Die Weißdornblätter waschen. Aus
dem Öl, Essig, Honig, Salz und Pfeffer
eine Sauce bereiten. Den Apfel vierteln, das Kerngehäuse entfernen und in
kleine Stücke schneiden. Die Weißdornblätter und den Apfel unter die
Sauce geben und gut durchmischen.
Mit Sonnenblumenkernen garnieren.

Weißdornsalat

*1 EL Blütenessig (siehe Seite 92),
¼ l saure Sahne, 2 EL geraspelte
Haselnüsse, 3 Handvoll junge
Weißdornblätter und Blüten,
Blätter ein Knoblauchsrauke.*

Blütenessig und Sahne zu einer Sauce
verrühren, die geraspelten Haselnüsse
zufügen. Die Weißdorn- und Knoblauchsraukenblätter waschen, abtropfen und fein schneiden. Zusammen mit
den ungewaschenen Weißdornblüten
in die Sauce geben und alles vorsichtig
miteinander mischen.

Hinweis Der Nußgeschmack dieses
blutdruckausgleichenden Frühlingssa-
lates läßt sich mit einigen Rapunzel-
blättern verstärken.

Weißdornöl

*2 Handvoll Weißdornblätter
mit Blüten, 4 Knoblauchzehen,
0,5 l Sonnenblumenöl.*

Die Weißdornblätter und die Knoblauchzehen in dem Öl 3 Wochen ziehen lassen. Danach durch ein Sieb abfiltern, als Salatöl verwenden.

Herzwein

*2 Handvoll Weißdornblätter
und Weißdornblüten,
1 Handvoll Zitronenmelissenblütter,
1 l trockener Weißwein,
z. B. Riesling.*

Die Kräuter waschen und in ein Glasgefäß geben und mit dem Wein übergießen. Den Ansatz 2 Tage an einem
kühlen Platz stehen lassen. Anschließend durch ein Tuch filtern, in eine Flasche füllen und gut verschließen.

Wiesenknopf

Sanguisorba minor und Sanguisorba officinalis

Standort

Auf trockenen, lockeren, meist kalkhaltigen Böden,
auf Magerrasen, Böschungen, an Wegrändern.

Ernte

Von April bis Juli – auf gemähter Wiese bis September –
sammelt man die jungen Blätter.

Geschmack

Aromatisch, herb.

Gesundheitlicher Wert

Appetitanregend. Wurde früher in der Volksmedizin
als blutstillendes Mittel verwendet.

Roter Kräutersalat   Foto

1 Handvoll Wiesenknopfblätter,
2 Sauerampferblätter, 1 Handvoll
Gänseblümchenblätter und -blüten,
2 Rote Rüben, 2 Möhren,
3 EL Sonnenblumenöl, 1 EL Obstessig,
Salz, Pfeffer, ½ TL frischer Ingwer.

Die Kräuter gründlich waschen und
möglichst fein hacken. Die Roten Rüben und Möhren fein raspeln. In einer
Salatschüssel Öl und Essig verrühren,
die Rüben, Möhren und Kräuter dazugeben und gut vermischen. Mit den
Gewürzen abschmecken, mit Gänseblümchen oder Kräutern dekorieren.

Wiesen-Kartoffelsalat

500 g festkochende Kartoffeln,
1 Handvoll Wiesenknopfblätter,
1 Handvoll Sauerampferblätter,
3 Gewürzgurken, 0,2 l saure Sahne,
1–2 EL Obstessig, 1 Zwiebel,
Salz, Pfeffer, 2 hartgekochte Eier.

Die Kartoffeln kochen und die Schale
abpellen. Die warmen Kartoffeln in

Scheiben schneiden. Die Kräuter waschen und fein wiegen. Die Gewürzgurken würfeln. Die saure Sahne mit dem
Essig und der feingehackten Zwiebel
vermischen und mit Salz und Pfeffer
abschmecken. Kartoffelscheiben, Gur-
kenwürfel und Kräuter miteinander
vermischen. Die Sauce darübergießen
und gut unterheben. Den Kartoffelsalat
erkalten lassen. Vor dem Servieren mit
den geviertelten Eiern dekorieren.

Feine Wiesensuppe

1 Handvoll Wiesenknopfblätter, einige
Sauerampfer-, Schafgarben- und
Gundermanblätter, 2 Gemüsebrühe-
würfel, 1 l Wasser, 30 g Weizenvollkom-
mehl, 1 Eigelb, 4 EL süße Sahne.

Die Kräuter gründlich waschen und
ganz fein hacken. Die Gemüsebrühewürfel in dem kochenden Wasser auflösen. Die Kräuter dazugeben und
etwa 10 Minuten köcheln lassen. Das
Mehl mit dem Eigelb und der Sahne
verquirlen, mit einem Schneebesen unter die Suppe rühren, nochmals kurz
aufkochen lassen.

Wiesenknöterich

Polygonum bistorta

Standort

Auf nassen, nährstoffreichen Böden. Auf Wiesen, an Ufern,
in Auwäldern und Hochstaudenfluren.

Ernte

Von April bis Juni – vor der Blüte – sammelt man die Blätter,
nach dem Mähen kann man nochmals ernten.

Geschmack

Mild, spinatähnlich.

Gesundheitlicher Wert

Reich an Mineralstoffen.

Feiner Wildspinat

8 Handvoll Wiesenknöterichblätter,
2 EL Sonnenblumenöl, 1 Zwiebel,
1 Knoblauchzehe, Salz, Pfeffer,
1 Gemüsebrühewürfel,
0,2 l süße Sahne.

Die Wiesenknöterichblätter waschen und von den groben Stielen befreien. In reichlich Salzwasser ca. 2–3 Minuten blanchieren. Die Blätter gut abtropfen lassen und klein hacken. In einem Topf das Öl erhitzen, die gewürfelte Zwiebel und die zerdrückte Knoblauchzehe leicht anbräunen. Die gehackten Wiesenknöterichblätter dazugeben, 5 Minuten bei leichter Hitze garen, mit Salz, Pfeffer und dem Gemüsebrühewürfel abschmecken. Die Sahne zugeben, noch 5 Minuten köcheln lassen.

Überbackener Mandelspinat

Foto

6 Handvoll ganz junge
Wiesenknöterichblätter,
4 EL Olivenöl, Kräutersalz, Pfeffer,
1 Prise Muskatnuß, Mandelsplitter,
4 EL Semmelbrösel.

Die Wiesenknöterichblätter gründlich waschen, Stiele entfernen und fein hacken. In eine Auflaufform 1 Eßlöffel Öl geben. Die Blätter einfüllen, mit Salz, Pfeffer und Muskatnuß würzen. Die Mandelsplitter untermischen, dick mit Semmelbröseln bestreuen und mit dem restlichen Öl beträufeln. Im vorgeheizten Backofen bei 180 Grad etwa 50 Minuten garen.
Dieser Spinat schmeckt auch mit Brennesseln, Giersch, Bärlauch.

Beifußöl

Beifußrispen, von Sonnenblumenöl oder anderem kaltgeschlagenen Öl bedeckt, 3 Wochen ausziehen lassen, abseihen, in kleine Flaschen füllen.

Beifuß, *Artemisia vulgaris*

Hinweis Beifußöl ist ein gutes Massageöl gegen Nervenschmerzen und zugleich ein die Fettverdauung erleichterndes Würzöl.

Angelikawein, Angelikatinktur

Ein kleines Blütenteilchen einer Angelikablüte, 10 Minuten in trockenen Weißwein gehängt, ergibt eine liebliche Angelika-Bowle. Länger ausgezogen und mit Blättern und/oder Wurzel-

stückchen gemischt, erhält man einen kräftigen Würzwein bzw. Würztinktur, wenn klarer Schnaps zum Ausziehen verwandt wurde (von anregender und blähungswidriger Wirkung).

Angelikawürze

1 Teil Angelikasamen,
1 Teil Mariendistelsamen,
¼ Teil Leinsamen,
1 Teil Haselnüsse.

Alle Zutaten mahlen und gründlich miteinander vermischen. Nach Belieben mit Kräuterpulver ergänzen.

Hinweis In Butter verknetet, ergibt die Angelikawürze einen für die Leber heilsamen Brotaufstrich.

Kamillenöl   Foto

2 Handvoll Kamillenblüten,
1 l Sonnenblumenöl.

Die Kamillenblüten auf Insekten untersuchen. Die Blüten in ein Glasgefäß geben und mit dem Öl übergießen. An

Kamille, *Matricaria chamomilla*

einem sonnigen Platz ca. 2 Wochen ziehen lassen. Anschließend durch ein Leintuch abfiltern.

~~~~~~~~~~~~~~~~~~~~~~~~~

Hinweis Dieses Kamillenöl ist ein hervorragendes Würzöl für Salate. Es hilft auch noch zusätzlich bei Magenbeschwerden und Verdauungsstörungen.

~~~~~~~~~~~~~~~~~~~~~~~~~

Johanniskrautöl Foto

2 Handvoll Johanniskrautblüten,
1 l Sonnenblumenöl.

Die Johanniskrautblüten gründlich auf Insekten untersuchen. In ein Glasgefäß geben und mit einem Kartoffelstampfer oder ähnlichem leicht zerdrücken, bis sich eine rote Verfärbung der Blüten zeigt. Mit dem Öl übergießen und ca. 2 Wochen ziehen lassen. Nach dieser Zeit sollte das Öl eine schöne rote Far-

be angenommen haben. Durch ein Leintuch abfiltern.

~~~~~~~~~~~~~~~~~~~~~~~~~

Hinweis Hervorragendes Würzöl für deftige Salate und fette Speisen. Regt den Gallefluß an, wirkt magenstärkend.

~~~~~~~~~~~~~~~~~~~~~~~~~

Bärenklautinktur

2 Teile Bärenklaublätter,
1 Teil Bohnenkraut,
1 Teil Brennesseln,
½ Teil Lavendelkraut und Blüten.

Alle Kräuter, klein geschnitten, 3 Wochen in Schnaps ausziehen lassen, abseihen und in Gläschen füllen.
Bärenklautinktur wirkt – tropfenweise gebraucht – anregend als Massagelotion oder Badezusatz, aber auch als Würze für Tee, Salate und deftige Gerichte.

Spezielle Gesundheitsrezepte

Blütenessig

*Taubnesselblüten, Mädesüßblüten,
Weidenröschenblüten, Malvenblüten,
Quendelblüten, Borretschblüten,
Heckenrosen- und Rosenblüten,
Weißdornblüten, Angelikablüten,
Fenchelblüten, Beinwellblüten,
Salbeiblüten, Minzenblüten,
Ringelblumenblüten,
Johanniskrautblüten,
Melissenblättchen und Erdbeeren
in beliebiger Mischung.*

Blüten von sommerblühenden Kräutern und reife Erdbeeren mit Obstessig bedecken, 3 Wochen ausziehen lassen, den schön rot gewordenen, duftenden Essig abfiltern und in Flaschen füllen.

Malve, *Malva sylvestris*

Hinweis Während der Erdbeerernte kann man die in dieser Zeit zur Blüte kommenden Kräuter immer wieder dem bereits angesetzten Kräuter-Obstessig beifügen. Viele dieser Kräuter haben, wie die Erdbeeren, eine stimmungsaufhellende, ausgleichende und anregende Wirkung. Außerdem wirken sie magenstärkend, verdauungsfördernd, stoffwechselanregend.

Abwandlung Blütenöl: Die gleiche Kräutermischung kann man, drei Wochen von einem guten Sonnenblumenöl bedeckt, zu einem lieblich duftenden Blütenöl ausziehen lassen. Das Öl bindet wohl den Erdbeerduft an sich, nicht aber die Erdbeerfarbe.

Spitzwegerichsirup

*2–3 Handvoll Spitzwegerichblätter,
⅛ l Wasser, 300 g Honig.*

Die Spitzwegerichblätter gründlich waschen und klein hacken. Die Blätter zusammen mit dem Wasser in einem Topf langsam erhitzen. Nach ca. 15 Minuten den Honig zugeben und noch 15 Minuten bei schwacher Hitze auf dem Herd stehen lassen. Die Flüssigkeit in ein Glasgefäß gießen und 24 Stunden an einem warmen Ort ziehen lassen. Danach nochmals kurz erwärmen, durch ein Tuch abfiltern und heiß in saubere Gläser füllen.

Hinweis Dieser Sirup ist ein gutes Mittel bei festsitzendem Husten.

Spezielle Gesundheitsrezepte

Veilchenessig

1 Handvoll Veilchenblüten,
½ l Rotweinessig.

Veilchenblüten mit Rotweinessig bedecken, 3 Wochen ausziehen lassen, abseihen und in Flaschen füllen.

Veilchen, *Viola odorata*

Veilchensalat

4 Orangen, 1 EL Melissenblätter,
1 Handvoll Veilchenblüten,
1 TL Blütenessig (siehe Seite 92),
1 TL Salbeihonig (siehe Seite 93),
Saft einer Zitrone.

Die Orangen schälen, das Fruchtfleisch in Stücke schneiden. Die Melissenblätter waschen, sehr gut abtropfen lassen. Essig, Honig und Zitronensaft zu glatter Sauce verrühren. Orangenstücke und Minzenblätter untermischen.

~~~~~~~~~~~~~~~~~~~~~~~~~~~~~
Hinweis Diesen Veilchensalat kann man mit ⅛ Liter saurer Sahne und je 1 Stengel ganz jungem Lavendel, Minze, Thymian, Waldmeister und einigen Schlüsselblumenblüten ergänzen; besonders gegen Halsweh und Migräne.
~~~~~~~~~~~~~~~~~~~~~~~~~~~~~

Odermennighonig

1 Handvoll blühende
Odermennigstengel,
1 Handvoll Himbeerzweigspitzen
mit Himbeeren, einige Lindenblüten,
3 frische Salbeiblätter,
1 Tasse Himbeersaft,
2 EL Himbeergeist, 50 g Honig.

Alle Kräuter zerschneiden, mit Wasser bedeckt bis auf ⅓ Teil einkochen lassen. Himbeersaft, Himbeergeist und Honig zufügen und so lange bei milder Hitze halten, bis die gewünschte Honigkonstistenz erreicht ist.

~~~~~~~~~~~~~~~~~~~~~~~~~~~~~
Hinweis Der sehr würzige Honig hilft als Brotaufstrich oder Salatwürze gegen Heiserkeit und Erkältung.
~~~~~~~~~~~~~~~~~~~~~~~~~~~~~

Salbeihonig

500 g Honig, Saft und Schale von
einer unbehandelten Zitrone,
Saft und Schale von
einer unbehandelten Orange,
½ Likörgläschen Apfelsinenschnaps,
10 frische Salbeiblätter, 1 Stange Zimt,
10 Gewürznelken.

Den Honig evtl. ganz leicht erwärmen, damit sich alle Zutaten – Zitronen- und Orangenschale fein geschnitten, ebenso die Salbeiblätter – gut verrühren lassen. Diese haltbare und gute Salatwürze muß immer wieder mal umgerührt werden.
Salbeihonig wirkt appetitanregend, kräftigend, magenstärkend.

Weiterführende Literatur

Bertsch, K.: Die Wiese als Lebensgemeinschaft. Ravensburg 1947

Blab, J./Nowak, E./Trautmann, W./Sukopp, H.: Rote Liste der gefährdeten Tiere und Pflanzen in der Bundesrepublik Deutschland. In: Naturschutz aktuell Nr. 1. Greven 1981.

Bocksch, M./Bott, I./Zucchi, H.: Das Öko-Kräuterbuch. Frankfurt 1983.

Braun, H.: Heilpflanzen-Lexikon für Ärzte und Apotheker. Stuttgart 1977.

Brecht, E. A.: Kochbuch. Karlsruhe 1976

Bruker, M. O.: Gesund durch richtiges Essen. Düsseldorf/Wien 1976.

Bund Naturschutz in Bayern (Hg): Ökologischer Garten. Ein Handbuch. Frankfurt a. M. 1981

Danner, H.: Biologisch Kochen und Backen. Düsseldorf 1979

Ellenberg, H.: Vegetation Mitteleuropas mit den Alpen in ökologischer Sicht. Stuttgart 1978

Fischer, S.: Blätter von Bäumen. München 1982

Früchtel, I.: Das große Vollkorn-Kochbuch. München 1980

Früchtel, I.: Das neue vegetarische Kochbuch. München 1980

Gessner, O./Orzechowsy, G.: Gift- und Arznei-Pflanzen von Mitteleuropa. Heidelberg 1974

Göck, R.: Gewürze und Kräuter von A–Z. Frankfurt a. M. 1978

Helm, E. M.: Feld-, Wald-, und Wiesenkochbuch. München 1980

Heß, E.: Wildgemüse und Wildfrüchte. München

Heydemann, B.: Naturschutz der Seele zuliebe. In: Natur. 1980

Hofmeister, H.: Lebensraum Wald. München 1977

Jorek, N.: Leben im Naturgarten. Der Biogärtner und seine gesunde Umwelt. Niedernhausen/Ts. 1982

Katalyse-Umweltgruppe Köln (Hg): Chemie in Lebensmitteln. Köln 1981

von Koerber, K./Männle, T./Leitzmann, C.: Vollwert-Ernährung. Heidelberg 1981

Kollath, W.: Die Ordnung unserer Nahrung. Heidelberg 1981

Laux, H.: Kochrezepte für Naturfreunde. Stuttgart 1981

Loeckle, W. E.: Bewußte Ernährung und gesunde Lebensführung. Schaffhausen 1975

Moore-Lappe, F.: Die Öko-Diät. Frankfurt 1979

Nachtigall, W.: Unbekannte Umwelt. Hamburg 1979

Olschowy, G. (Hg): Natur- und Umweltschutz in der Bundesrepublik Deutschland. Hamburg/Berlin 1978

Pahlow, M.: Das große Buch der Heilpflanzen. München 1979

Schlechta, I.: Köstliche Wildfrüchte und Wildgemüse. München 1982

Schmidt, H.: Wiese als Ökosystem. Köln 1979

Schnedler, W.: Gefährdete und geschützte Pflanzen. Niedernhausen/Ts. 1982

Schwarz, U.: Der Naturgarten. Frankfurt/M. 1980

Seifert, A.: Gärtnern, Ackern ohne Gift. München 1974

Steinbach, G.: Wilde Blumen unserer Heimat. Frankfurt 1981

Stern, H./Bibelriether, H./Plochmann, R. u. a.: Rettet den Wald. München 1979

Sukopp, H./Trautmann, W./Korneck, D.: Die Auswertung der »Roten Liste« gefährdeter Farn- und Blütenpflanzen in der Bundesrepublik für den Arten- und Biotopschutz. In: Schriftenreihe für Vegetationskunde, Heft 12. Bonn 1978

Weiß, R. F.: Lehrbuch der Phytotherapie. Stuttgart 1982

Wendelberger, E.: BLV Naturführer Heilpflanzen. München/Bern/Wien 1980

Wildermuth, H.: Natur als Aufgabe. Leitfaden für die Naturschutzpraxis in der Gemeinde. Schweizerischer Bund für Naturschutz. Basel 1980

Rezept-Register